中公新書 1728

星 亮一著

会津落城

戊辰戦争最大の悲劇

中央公論新社刊

はじめに

慶応《けいおう》四年（一八六八）の八月から九月にかけて行われた会津鶴ヶ城《つるがじょう》の攻防戦は、日本近代史の一大汚点であった。

前年の大政奉還、それに続く王政復古によって幕府が崩壊し、薩摩《さつま》、長州主導の薩長新政権が生まれた。西郷隆盛《さいごうたかもり》、大久保利通《おおくぼとしみち》、木戸孝允《きどたかよし》らの新政府首脳は江戸に武力侵攻する考えだったが、勝海舟《かつかいしゅう》と西郷隆盛の会談で、江戸は無血開城となり、薩長軍の次の攻撃目標は、佐幕派の牙城《がじょう》、会津若松となった。

京都守護職として朝廷の警備に当たっていた会津藩が攻撃のターゲットにされたことに、東北、越後《えちご》の諸藩が反発し、国を二分する大規模な戦争となった。プロシャやイタリアは北方を支援した。

東北、越後の連合軍は東日本政権の樹立を夢見て奥羽越列藩《おううえつれっぱん》同盟を結成したが、態勢の遅れはいかんともしがたく、各地の戦闘で敗れ、仙台、米沢《よねざわ》の藩内に降伏論が強まるなかで、最後の決戦、会津鶴ヶ城の攻防戦が始まった。

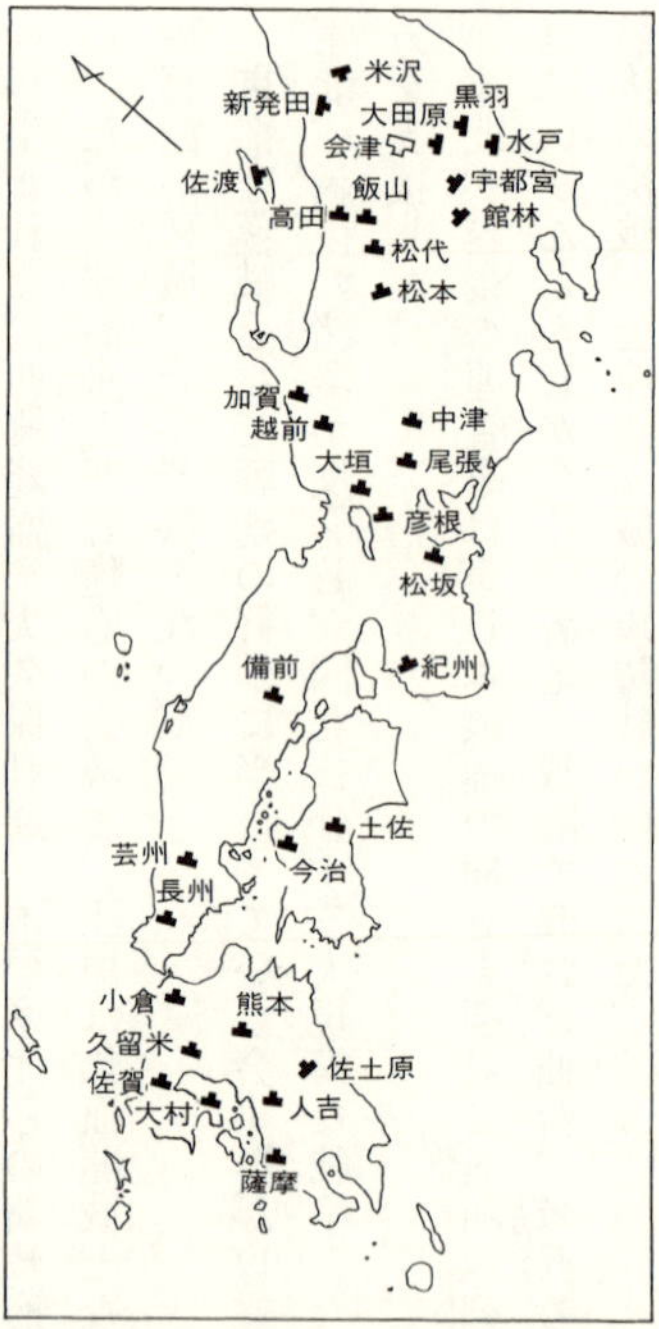

会津若松に侵入した薩長軍諸藩

このときすでに奥羽越列藩同盟は寸断され、会津軍は孤立無援、援軍がないまま籠城《ろうじょう》戦に突入した。

城を枕《まくら》に討ち死にせん――。

会津の将兵たちは遺書を懐中にいれ、決死の戦いを続けたが、弾薬、食糧ともに切れ、一か月のあと、白旗を掲げて降参した。

城下の戦闘は、どのようなものだったのか。

戦争が始まって半年、敵は刻々と会津若松に迫り、二本松藩《にほんまつ》との国境、母成峠《ぼなり》が破られ、大砲の音が聞こえるようになった。城下の戦いには、まだ時間があると、会津藩の軍事局は判断していた。しかし、その判断はひどく誤っていた。

八月二十三日早朝、時の鐘が乱打された。玄関口の滝沢峠《たきざわ》を越えて敵先鋒《せんぽう》が攻め込んできた。まさかの侵攻だった。

大砲の音が殷々《いんいん》と城下に轟《とどろ》き、たちまち市中数か所に火災が発生、黒煙が天をおおい、百雷が一時《いっとき》に落ちたような大騒擾《そうじょう》となった。

十六歳の少年兵、遠藤平太《えんどうへいた》が記した、会津城下の戦闘の記述がある。

平太は越後の戦場で重傷を負った父を看護し、城のそばにある日新館《にっしんかん》野戦病院にいた。病院はたちまち大混乱となった。突然のことなので病人を助ける人もなく、手足が多少なりとも動ける者は、はい出して濠《ほり》に身を投じた。ほどなく病院は火炎に包まれ、身体の不自由な患者は、ことごとく焼死した。

町に出ると避難者が道にあふれ、皆、ぬれ鼠《ねずみ》となり、女たちが老人や病人の手を引き、あるいは背負い、泣き叫ぶ幼子を抱え、郊外に逃れるため大川《おお》の渡船場に殺到した。

連日の雨で川は増水し、激流が渦巻き、人々は争って船に乗ろうとして川に落ち、溺死《できし》する人も数知れずだった。平太は必死の思いで、父を郊外に運んだ。

上級武士の家族は城に入って籠城しようとしたが、城門が早々に閉まったために入れず、婦人たちは家に戻って老人や赤子の首を刺し、自害して果てた。鬼気せまる光景だった。

会津若松の人々は、この日のことを戊辰《ぼしん》戦争のもっとも長い日、「ザ・ロンゲスト・デー」と呼んでいる。長く残酷な雨の一日だった。

死者数千名といわれるこの会津戦争は、日本近代史のなかで、どのような意味を持つのだろうか。この戦いを詳細に検証すると、いくつもの疑問点が浮かんでくる。

戦闘はあまりにも無残であり、なぜここまで戦う必要があったのか、というのが最大の疑問である。現代のような情報伝達手段のない時代である。当事者を除いて、庶民の大半は傍観者であった。そうじて、われ関せずと冷ややかに見つめる人が多く、戦後は勝てば官軍、負ければ賊軍と、多くの人が勝者にすり寄った。

会津人には会津降人《こうじん》という国賊、犯罪者のレッテルが貼《は》られ、苦難の明治が待っていた。

会津戦争の実態を描くことで、明治維新のいたましい裏面が明らかになり、近代日本人の悪しき体質が浮き彫りになる。

この戦争は、どこから見ても近代日本の負の遺産といえるものだった。

会津落城　目次

第三章　会津城下の戦い

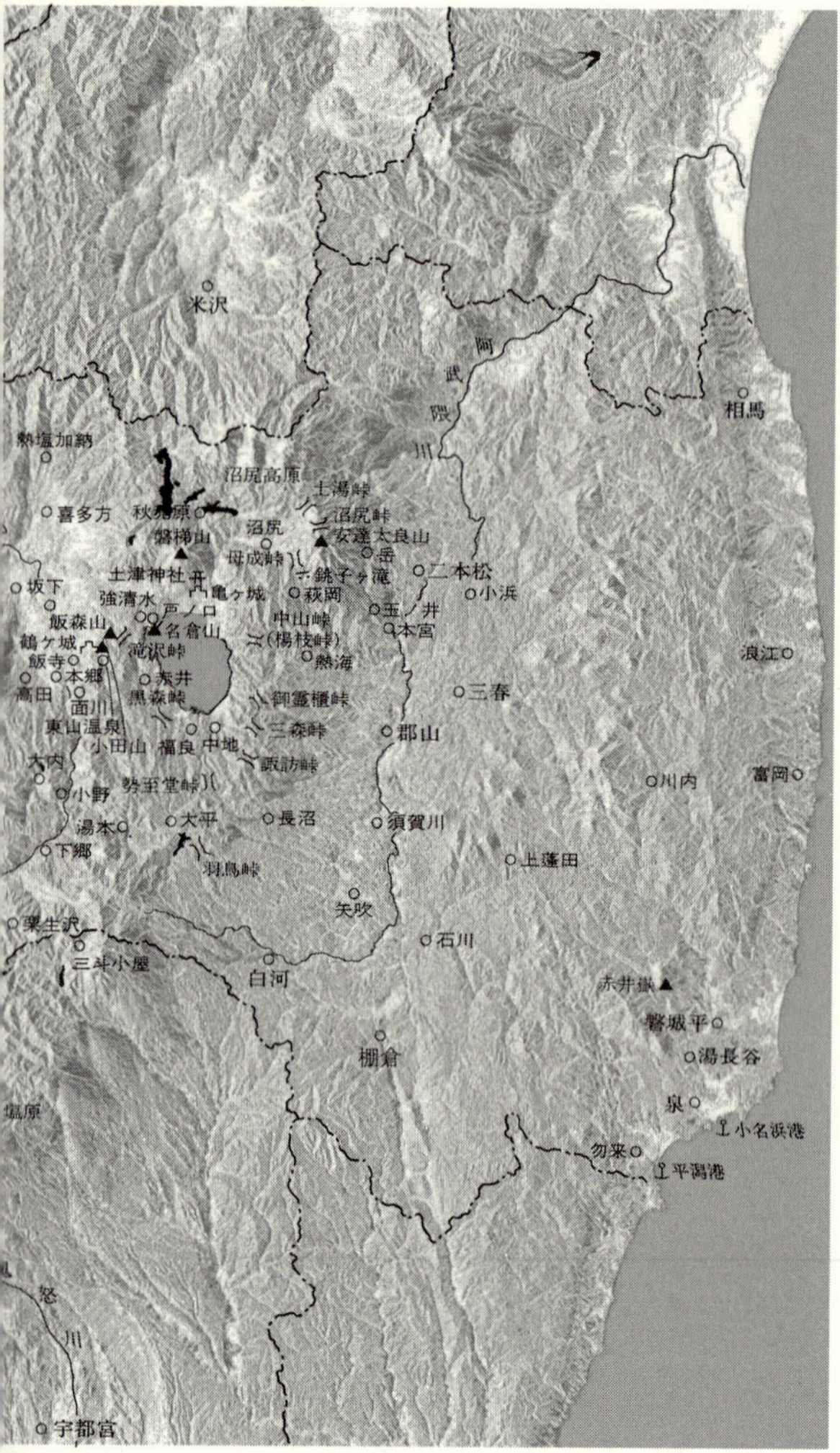
米沢
阿
武
隈
川
相馬
熱塩加納
沼尻高原
土湯峠
喜多方
秋元原
沼尻峠
磐梯山
沼尻
安達太良山
母成峠
岳
土津神社
銚子ヶ滝
二本松
坂下
亀ヶ城
萩岡
小浜
強清水
戸ノ口
玉ノ井
飯森山
名倉山
中山峠
(楊枝峠)
本宮
鶴ヶ城
滝沢峠
熱海
浪江
飯寺
本郷
赤井
三春
高田
黒森峠
御霊櫃峠
面川
東山温泉
三森峠
郡山
小田山
福良
中地
大内
諏訪峠
川内
富岡
小野
勢至堂峠
湯本
大平
長沼
須賀川
下郷
上蓮田
羽鳥峠
矢吹
栗生沢
石川
三斗小屋
白河
赤井嶽
磐城平
棚倉
湯長谷
塩原
泉
小名浜港
勿来
平潟港
怒
川
宇都宮

村上
黒川
新潟港
大夫浜
新発田
新潟
酒屋
阿賀野川
水原
三根山
赤坂山
村松
津川
寺泊
加茂
与板
信濃川
長岡
柏崎
金倉山
朝日山
小千谷
小出
八十里峠
蒲生
塩沢
叶津
只見
六十里峠
田子倉
伊南川
只見川
山口
駒止峠
大橋
田島
山王峠
男鹿川
檜枝岐
帝釈山
黒岩山
五十里
栗山
竜王峡
藤原
小佐越
日光
今市

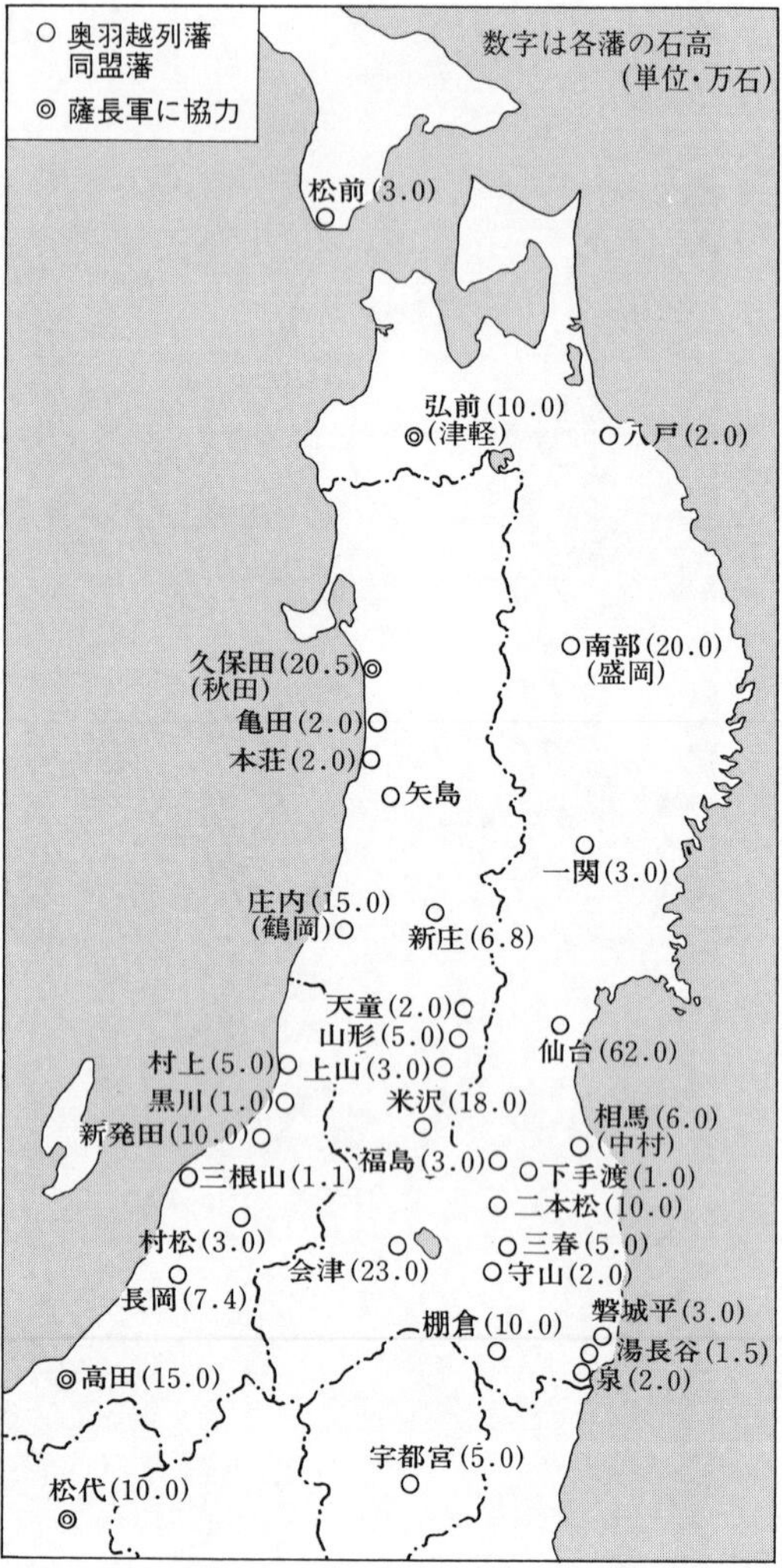
○ 奥羽越列藩同盟藩
◎ 薩長軍に協力
数字は各藩の石高
(単位・万石)
松前(3.0)
弘前(10.0)
(津軽)
八戸(2.0)
南部(20.0)
(盛岡)
久保田(20.5)
(秋田)
亀田(2.0)
本荘(2.0)
矢島
一関(3.0)
庄内(15.0)
(鶴岡)
新庄(6.8)
天童(2.0)
山形(5.0)
仙台(62.0)
村上(5.0)
上山(3.0)
黒川(1.0)
米沢(18.0)
相馬(6.0)
(中村)
新発田(10.0)
福島(3.0)
下手渡(1.0)
三根山(1.1)
二本松(10.0)
村松(3.0)
三春(5.0)
会津(23.0)
守山(2.0)
長岡(7.4)
磐城平(3.0)
棚倉(10.0)
湯長谷(1.5)
高田(15.0)
泉(2.0)
宇都宮(5.0)
松代(10.0)

第一章　江戸の情勢

神保修理の死

慶応四年（一八六八）正月三日から四日にかけて戦われた鳥羽伏見《とばふしみ》の戦いは、幕府、会津の思わぬ惨敗だった。

決定的な敗因は、戦いの最中に将軍徳川慶喜《よしのぶ》と会津藩主松平容保《まつだいらかたもり》（一八三五―九三）が大坂から軍艦開陽丸《かいようまる》で江戸に逃げ帰ったことだった。

死を賭《と》して戦っているときに最高指揮官が敵前逃亡したことは、稀有《けう》の不祥事であり、その衝撃は大きかった。逃げ足の速い慶喜だけなら、さもありなんだったが、容保も逃亡したことに会津藩兵は声を失った。たとえ将軍慶喜の命令であったとしても、容保の東帰は許されることではなかった。

容保が江戸に戻ったのは正月十二日である。

会津藩江戸留守居役の神尾《かみお》鉄之丞《てつのじょう》が慌てて出迎えると、容保は単騎、江戸上屋敷和田倉《わだくら》邸に戻ってきた。まもなく主君を追いかけて小姓の簗瀬《やなせ》克吉、小池周吾も藩邸にたどり着いた。軍艦は八日夜に大坂天保山《てんぽうざん》沖を出帆したが、気象が悪く、十日には八丈島の北五、六里の方角に流され、時間がかかっている間に不眠不休で馬を乗り継いできた小姓が到着した。江戸藩邸の人々は知らせを聞いて、あまりのことに茫然《ぼうぜん》自失となった。

十五日には近侍の神保《じんぼ》修理《しゅり》、浅羽《あさば》忠之助が大坂から江戸に駆けつけ、江戸城に登り、主君容保に会った。容保は「事急にして卿《けい》らに告ぐるの暇《いとま》なくはなはだ苦慮せり」(『会津戊辰戦史』)と二人に苦しい胸のうちを語った。『会津戊辰戦史』(一九三三年)は、白虎《びゃっこ》隊士から米国に留学、東京帝国大学総長を二度務めた山川健次郎《やまかわけんじろう》の編纂《へんさん》による会津藩の正史である。

浅羽は納得せず、いくつかを容保にただした。本来、主君を詰問するなど家臣の行うことではなかったが、これは会津藩の存亡にかかる重要な問題であり、浅羽としてはどうしても聞かざるを得なかった。

「忠之助、我が公に謁していわく、公、今回の事、藩相らに告げず独り修理のみに告げて東下せらる。藩相らの心裡《しんり》(心のうち)如何《いかん》を知らず、臣、ひそかにこれを憂う」と『会津戊辰戦史』にこのことが記されている。

容保は「これ余が過ちなり」と答えた。

この正直さが容保の純粋で、憎めないところであった。容保には、慶喜から誘われたならば断り切れない人のよさ、優柔不断さがあった。

「修理に、東下のことを告げられしはなんぞや」

今度はなぜ神保にだけ告げたのかと、浅羽は問うた。

容保は、慶喜の軍艦が天保山沖に来ており、もしかするとこれで東帰、江戸に帰ることがありうるのではないかと考え、白書院にいた修理に告げたと説明した。そのとき突然、将軍から「東下に決したので会津（容保）、桑名《くわな》（容保の実弟、桑名藩主松平定敬《さだあき》）は従うように」と命令があったという。「余は驚いて、ねんごろにこれを止めんとしたが、却《かえ》って怒りに遭った」と答えた。

会津藩主松平容保

浅羽はすべての責任は慶喜公にあると思った。しかし大坂から敗残の兵が帰るにつれて、藩中の容保に対する不満は爆発し、その怒りは神保修理にむけられた。

修理は家老神保内蔵助《くらのすけ》の長男である。長崎に出かけ、見聞も広く、将来を嘱望されていたが、こうなっては、容保の身代わりとなって自刃《じじん》するしか残された道はなかった。

二月十三日、修理は自刃を命ぜられ「余もとより罪なし、然《しか》れども君命を奉ずるは臣の分なり」といい残し、屠腹《とふく》（切腹）した。

修理に罪がないことは、誰もが知っていた。しかし主君を責めることはできない。すべてを修理が背負ってあの世に行かなければ、藩兵の鬱憤《うっぷん》は晴れなかった。

これを止めることができるのは主君容保だったが、容保は無言だった。

容保の謝罪

敗残兵が江戸に逃げ帰る光景は、目も当てられぬものだった。

紀州（和歌山）藩の通史『南紀徳川史』第四冊に紀州藩領を通過した敗残兵の様子が描かれている。

「御宗家《おんそうけ》はじめ会津、桑名両藩の有志、将卒、何万となく、唯風声鶴唳《ただふうせいかくれい》、一生を和歌山に託せんと僅《わず》かに十六里程に五日を費やし、一時《いっとき》に入り来りて、市在近郡に充満す、その様数万石の侯伯《こうはく》も皆臣従離散《しんじゅうりさん》、単騎、疲労、あるいは鮮血淋漓《せんけつりんり》、槍《やり》を杖《つえ》つくあり、あるいは悲憤《ひふん》相刺さんとするあり、あるいは困羸起《こんるいた》つ能《あた》わず、飢えに泣き、渇きを叫び、名馬を捨てて食を乞い、宝刀を擲《なげ》て宿を求む、その惨澹悲況《さんたんひきょう》、上下動乱の状、実に筆紙の尽す所にあらず」

現代文に要約すると、徳川、会津、伊勢《いせ》（三重県）桑名の敗残兵が紀州藩を頼って、一時に入ってきた。疲労困憊《こんぱい》、飢えに泣き、水を求める。馬を棄て、刀を代に宿を求める。その姿は目も当てられなかった、となろう。

紀州藩と交渉に当たった会津藩公用人大野英馬と外島機兵衛《としまきへえ》の見解も記録されている。二人は紀州藩の役人に対し、「今般大坂城で苦戦の上、落城したことは東照宮《とうしょうぐう》（徳川家康）に対しまことにもって恐れ入る不忠なことである。会津藩はここで切腹するのが本望なれども、ここを去り、再度戦争の上、討ち死にする覚悟である」と述べていた。

藩士たちは、この惨敗を深刻に受け止め、雪辱の決意を秘めていたのである。

海路、紀州に逃れた兵士もいた。連日、南北の烈風が吹き、船は木の葉のようにゆれ、何度も外洋に流された。ようやく紀州にたどり着いた兵士たちは恐怖で顔が引きつっていた。

そうした敗残兵が多数入り込み、和歌山は大混乱になった。

『和歌山県警察史』第一巻に紀州領に入った敗残兵の数字が記録されているが、総数は約五千七百人で、うち会津兵は千八百余人だった。紀州藩ではこれらの会津兵を八十九艘の船に乗せて加太《かだ》から由良《ゆら》に送っている。

また三か村に延べ二千九百六十六人の会津兵が宿泊したという記録もある。食事代は半分ほどを紀州藩が賄い、敗残兵を江戸に送り届けた。

鳥羽伏見の戦いにおける会津藩の戦死者は約百二十人と記録されている。ここには搬送の途中で死亡した人も含まれていると思われる。苦労に苦労を重ね、悲憤慷慨《こうがい》、やっと江戸に戻った会津藩の兵士たちの心中は、おだやかではなかった。

会津藩の人々は将軍慶喜に絶望した。それを象徴する事件が正月二十日に起こった。

『会津藩戦死殉難者人名録』によると、大坂から江戸へ汽船で搬送した会津藩の怪我人は約百五十人で、これらの人々は芝新銭座《しばしんせんざ》（港区）に収容され、フランスの医師ハルトマンが治療に当たった。

そこに、見舞いと称して、のこのこと慶喜が現れた。負傷者たちの表情が変わった。重傷者の一人高津仲三郎は突然、慶喜公に向かい、「敗因は幕軍の怯懦《きょうだ》に帰す」と鋭く迫った。これこそが、偽らない皆の心情だった。慶喜はすごすごと引き上げた。

江戸に帰った慶喜は、もはや戦う意思を完全に失っていた。

慶喜がもっとも恐れたのは、おのれの首と徳川家の取り潰《つぶ》しである。慶喜は強硬派の勘定奉行小栗上野介忠順《おぐりこうずけのすけただまさ》を罷免し、代わって勝海舟を陸軍のトップに据え、生き残り策をはかった。勝は無傷の幕府軍艦を使って西郷との間で講和の交渉を進め、駿府《すんぷ》（静岡市）に徳川家の領地を得、江戸を無血開城する線で決着をはかろうとした。

二月十二日、慶喜は江戸城を立ち退き、上野寛永寺《かんえいじ》（台東区）に閉居した。

この段階で容保と会津藩兵は、幕府にとってもはや必要のない存在だった。慶喜は容保に帰国を命じた。幕府が崩壊し、会津藩も恭順した以上、もはや会津攻撃の必要性はないからである。しかし現実は会津藩を生贄《いけにえ》とする方向で進んだ。

会津征討の声が広がるにつれて、会津藩兵はますます激昂《げっこう》し動揺した。その動揺を止める必要があった。

容保は二月十五日、鳥羽伏見の戦いに参戦した全将兵を和田倉邸の馬場に集めた。時間は申《さる》の下刻（午後五時）であった。総勢千数百人である。日が暮れると、大提灯《ぢょうちん》が灯された。

容保は全員の前に立ち、切々と東帰を詫びた。

二日前、その責任を負わされて神保修理が自刃しており、沈痛な雰囲気だった。

「汝らの奮戦、感称《かんしょう》に堪えない。しかるに内府公（慶喜）は東下された。余はその前途を憂い、内府公に従ったが、これを全隊に告げざりしは、余、大いにこれを慚《は》ず。家を喜徳《のぶのり》に譲り、必ず恢復《かいふく》をはかる。汝ら皆一致勉励してよくこれを輔《たす》けよ。余篤《あつ》く汝らに依頼す」

声涙《せいるい》ともに下る容保の演説に、全員が声をあげて感泣した。やがて薦樽《こもだる》が抜かれ、全員泣きじゃくりながら痛飲した。

容保は翌十六日、江戸を発ち、帰国の途についた。帰国にさいし、上野寛永寺の輪王寺宮《りんのうじのみや》や尾張徳川家以下二十二藩を通じて、朝廷に恭順の嘆願書を提出した。しかしこれが受け入れられることはまったくなかった。

会津藩の処分方針については、薩摩と長州とで微妙な違いがあった。長州藩は藩主松平容保の斬首、会津鶴ヶ城の開城、領地の没収という過酷な要求を突きつけたが、薩摩がこれに若干の異議を唱え、最終的には会津藩が首謀者の首を出し、国境の軍備を撤収し、速やかに城を明け渡せば、容保の死一等を減ずるとなった。いずれにしても城を明け渡し、領地を返納するという無条件降伏である。この交渉に関しては、『復古記《ふっこき》』第十二冊、「奥羽戦記」にくわしい経過がある。

会津藩首脳はこれは受け入れられないと何度も朝廷に嘆願書を提出した。署名人は田中土佐《とさ》、神保内蔵助、梶原平馬《かじわらへいま》、上田学太輔《がくだゆう》、内藤介右衛門《すけえもん》、諏訪伊助《すわいすけ》の順番になっていた。

「謹んで言上仕《つかまつ》り候」

で始まるこのときの嘆願書には、会津藩は京都を離れること二百余里、東奥の弊邑《へいゆう》にあり京都守護職の任には堪えがたいと辞退を申し出たが、皇国の安否にかかわるとして、強く就任を求められ、京都を墳墓の地と心得、奉職してきた。先帝からは無限の寵眷《ちょうけん》（寵愛）を被り、御宸翰《ごしんかん》（天皇の直筆の文書）を下し賜った。すべて誠実一偏に勉励し、「一毫《いちごう》も私意ご座なく候」と書いた。

朝敵の汚名に対しては、孝明《こうめい》天皇が容保に与えた御宸翰の写しを各方面に示した。公用人の小野権之丞《おのごんのじよう》がこれを担当した。

しかし嘆願書が天皇に達することはなく、すべて西郷や大久保、木戸、岩倉具視《いわくらともみ》らに握りつぶされた。

二月二十六日には公家の九条道孝《くじようみちたか》が奥羽鎮撫《ちんぶ》総督の任に就き、もはや戦争は避けられない情勢であった。

容保の帰国を待つように、薩長新政府は陸奥《むつ》仙台藩（宮城県）に対し、会津本城襲撃の命令を下した。

「会津容保、このたび徳川慶喜の反謀にくみし、錦旗《きんき》に発砲、大逆無道、征伐軍発せられ候間、その藩一手をもって本城襲撃、速やかに追討の功を奏すべき旨御沙汰《おさた》候事」

仙台藩にとっては、驚天動地の出来事であった。

藤原相之助《あいのすけ》の『仙台戊辰史』（一九一一年）に仙台藩の驚きが記述されている。それは京都守護職だった会津藩がなぜ朝敵かということだった。

会津本城襲撃の話が伝えられると、会津藩主従は死を決意した。鳥羽伏見の戦いで壊滅的な損害を出し、武器弾薬も乏しく、勝算はないが、討ち死にの覚悟で臨むしかなかった。

このとき、嘆願書に署名した重臣のなかに、家老西郷頼母《さいごうたのも》の名前はなかった。会津にいた西郷は嘆願書の提出を聞いて急遽《きゆうきよ》、江戸に駕籠《かご》を飛ばし、恭順を叫んだが、いかんともしがたい情勢になっていた。

これらの重臣のなかで、注目されるのは梶原と内藤であった。二人は実の兄弟で、内藤が兄であり、弟平馬が梶原家の養子に入った。二人とも容保の信頼は厚かった。特に梶原は一貫して政務を担当し、在京の諸藩にも名前が知られていた。兄弟はともに二十代、世代交替が一気に進んだ感じであった。

政務を担当する梶原が汚名をそそぐために積極的に動いた。それは旧幕府主戦派と連携を進めることであった。もう一つは薩長新政府の誕生を歓迎しない、東北、越後《えちご》（新潟県）の諸藩との連携だった。

すべて薩長主導ということに、東北、越後は強く反発し、その対立の構図は、もう誰も止めることはできなくなっていた。

ワーグマンの絵

この時期の日本の政情を知る数枚の絵がある。

横浜で没したイギリス人画家チャールズ・ワーグマン（一八三二―九一）が描いた風刺画である。それは横浜で発行された日本最初の漫画誌『ジャパン・パンチ』（英文、月刊）に掲載されたもので、日本は一体、どうなるのかということを論じる風刺絵であった。

戊辰戦争が始まると、どちらが勝つか、諸外国の外交団は固唾《かたず》をのんで戦況に見入った。ワーグマンは『ジャパン・パンチ』に盛んに戦争を描いた。

たとえば「ライバルの手回しオルガンひき」と題する絵がある。プロシャのフォン・ブラント公使が「我々は、かの若いミカドなど支持はできない。狭い京都に閉じ込めておけ」と叫び、イタリア公使は「我々も立つ、新潟でともに戦わん」とこれを支持している。

意味するところは、プロシャとイタリアは京都のミカドではなく、東北、越後を応援するというものだった。その背景となったのは、各国の利害である。

イギリスは完全に薩長側についた。フランスは幕府寄りである。プロシャやイタリアは蚊《か》帳《や》の外だった。逆転勝利を狙《ねら》うには北方の諸侯につくしかなかった。

京都のミカドでは幼すぎて日本は成り立たない。会津や越後などの北方諸藩のほうが、日本のリーダーになるだろうとプロシャやイタリアの外交官は叫んだ。願望といったほうがよいかもしれないが、アメリカの南北戦争（一八六一—六五）のことが皆の脳裏にあった。南北戦争は南軍が負け、北軍が勝利した。日本も北方諸侯のほうが強いと論陣を張った。会津藩政務担当家老の梶原平馬は、こうした空気を敏感に感じ取った。梶原は会津藩の外交責任者でもあった。

それを物語る絵が「会津将軍」（Aidzu's General）と題するワーグマンの絵である。

ワーグマンの絵「会津将軍」

この絵に描かれた主人公は西洋人で口髭《くちひげ》をはやし、和服を着て、皮のブーツを履き、腰に刀を差し、葵《あおい》の紋が入った小旗を肩章のようにつけている。左手には蠟燭《ろうそく》を持ち、その周囲には裸同然の日本人の子供がいて、地面に絵を描いて遊んでいる。

この男は、会津藩の軍事顧問を務めたプロシャ人、ヘンリー・スネルであった。スネルは会津藩にとどまらず出羽米沢藩《でわよねざわ》（山形県）の軍事顧問も兼ね、奥羽越列藩同盟に大きな影響を与えることになる。

プロシャ国が日本と通商条約を結んだのは、万延《まんえん》元年（一八六〇）十二月である。横浜に領事館が設けられ、初代領事としてフォン・ブラントが赴任した。ヘンリー・スネルはその下で書記官を務めた。弟、エドワード・スネルはスイス国総領事館の書記官であった。当時の外交官は商人と表裏一体の関係にあり、利権屋の面もあった。

慶応三年（一八六七）、兄弟は馬車に乗っていたところを上野《こうずけ》（群馬県）沼田《ぬまた》藩士に襲われ、拳銃で応戦し、近くの下駄商人を傷つけ、書記官をやめた。

当時、アメリカの南北戦争が終わり、そこで使われた大量の武器弾薬が世界にあふれていた。スネル弟はそれらの武器を輸入し、長岡《ながおか》、会津に提供し、稼ぎまくることを考えたものと思われる。

薩摩、長州にはイギリスの武器商人、トーマス・グラバーがついていた。風が吹けば桶屋《おけや》が儲かるの図式で、内乱の勃発《ぼっぱつ》は、スネル兄弟にとどまらず外国商人にとって格好の稼ぎ時であった。

会津の梶原にプロシャのスネル兄弟を仲介したのは、江戸駐在の越後長岡藩家老河井継之助《かわいつぎのすけ》である。河井は好奇心に富んだ人で、横浜の外国人居留地に出かけては西洋事情を探検していた。いつも立ち寄る店が、武器を扱うスネル弟の店だった。

梶原はそうした越後の河井に接近した。話はとんとん拍子に運んだ。戦いが必至となったとき、河井は梶原を誘い横浜に行き、スネル弟から大量の武器弾薬を購入した。会津藩には秋月悌次郎《あきづきていじろう》という公用人がいて、河井の古くからの友人だった。秋月が梶原と河井をつないだものと思われる。

河井はこのとき、数百挺の元込め銃と弾薬、最新式の機関砲二門を購入している。

河井の胸には武装中立の思想があり、梶原には武備を急がなければならない、切羽詰まった事情があった。梶原はスネル弟からライフル銃七百八十挺と二万ドル相当の武器弾薬を購入している。会津藩はほかに江戸城からかなりの大砲、小銃を手に入れた。河井と梶原はスネル兄弟がチャーターしたロシア船籍のコリア号でこれを新潟に運んだ。

東日本政権

プロシャ、イタリアの外交団が期待を寄せた奥羽越列藩同盟とはいかなるものか。

仙台に進駐した奥羽鎮撫総督府下《しも》参謀、世良修蔵《せらしゆうぞう》の暴挙が仙台藩に火をつけた。薩長新政府は、会津と出羽庄内《しようない》藩（山形県鶴岡《つるおか》市）攻撃のためこの年三月早々に、公家の九条道孝を総督とする奥羽鎮撫使を仙台に送り込んだ。一行は薩摩、長州藩兵を主体とする兵士で、三月十九日に仙台藩領寒風沢《さぶさわ》（塩竈《しおがま》市）に投錨、二十三日、仙台に乗り込んだ。

一行を牛耳るのは長州藩参謀世良修蔵である。世良は仙台藩公に会津攻撃を命じ、仙台藩が渋るのを見て、

　竹に雀を袋にいれて後においらのものとする

と詠み、仙台藩を愚弄した。竹に雀は仙台藩の紋所である。

さらに仙台藩公主催の花見の宴で、

　陸奥《みちのく》に桜かりして思ふかな花ちらぬ間に軍《いくさ》せばやと

と詠み、傍若無人の態度を見せた。

一時は薩長新政府の意向を汲み会津攻撃の兵を出した仙台藩だったが、理不尽な世良の言い分に反発し、加えて薩長兵が隊を組んで市内で乱暴し、子女を辱しめるに及んで、怒りが爆発し、閏《うるう》四月十九日、世良を誅殺《ちゅうさつ》するに至った。

かくして仙台藩は率先して奥羽越列藩同盟の結成に奔走し、薩長軍があくまで会津征討を主張する場合は、奥羽、越後が対処するとうたった。

仙台藩の参謀玉虫左太夫《たまむしさだゆう》、若生文十郎《わこうぶんじゅうろう》らが描いたものは、奥羽、越後を中心とする東日本政権の樹立であった。奥羽諸藩が最初に集まり、次のように盟約した。

「このたび奥羽列藩、仙台に会議し、鎮撫総督府に告げ、もって盟約公平正大の道を執り、心を同じゅうして力を協《あわ》せ、上《かみ》王室を尊び、下《しも》人民を撫恤《ぶじゅつ》し、皇国を維持し、宸襟《しんきん》（天子のみ心）を安んぜんと欲す」

この画期的な連帯は、薩長新政府を震撼《しんかん》させるものだった。

戊辰戦争は薩長対旧幕府・会津の連合軍から薩長対奥羽越列藩同盟の戦いとなった。文字どおり東西の大決戦である。

しかし、同盟側は、所帯があまりにも大きく指揮命令系統がままならず、兵備も不揃いで訓練も行き届かず、不安を抱えての決断だった。だが、会津にとっては夢のような出来事であり、会津藩の参謀たちは「これで戦える」と感泣した。

第二章　会津国境の戦争

一　越後方面の戦い

スネル兄登場

スネル兄が会津若松の城下に現れたのは、慶応四年（一八六八）四月の上旬である。「異国フロイス人、会津へ入国、西洋軍法および国の利益になることを建白す」と荒川類右衛門《あらかわるいえもん》（勝茂《かつしげ》）の『明治日誌』に記載されている。会津若松はこの話題で持ち切りだった。

軍事奉行添役柴太一郎《しばたいちろう》の五弟である少年柴五郎も「石塚観音の辺りの異人屋敷に蒸気汽缶がすえられ、時々、ぶう、ぶうと大きな音を出していた」（『会津人柴五郎の遺書』）と後に記述している。

会津藩主松平容保《かたもり》はスネル兄に平松武兵衛の名前を与え、屋敷も提供した。スネル兄には日本人の妻もいて、会津の娘おけいが女中として仕えた。

スネル兄を会津に案内した梶原平馬は、さらに第二、第三の手立てを考えた。勝利の道はないか、勝てるまでは行かなくとも、いかにしたら薩長と対等の立場に立てるか。外交交渉で痛み分けに持ち込む手はないか、梶原は考えた。

その鍵はまず河井継之助がいる越後との、より深い連帯であった。

会津藩は万延元年（一八六〇）から越後に領地を持ち、幕末までに七万五千石の領地があった。蝦夷地《えぞち》（北海道）の警備や京都守護職就任による加増である。このため越後の各地に陣屋や代官所を設け、会津と新潟を結ぶ阿賀野《あがの》川の支流が信濃川に合流する酒屋《さかや》村（新潟市）には中継基地をおき、いずれここに港を開く計画もあった。

スネル兄弟も新潟港を物流の拠点ととらえ、蒸気船でここに武器弾薬を運び込み、東北、越後の諸藩に供給する態勢を整えた。

新潟は会津にとどまらず長岡や米沢、庄内にとってもきわめて重要な戦略基地となった。防衛のために、会津藩は越後に精鋭部隊を送り、米沢藩も重臣を派遣した。会津藩の派兵は慶応四年二月から開始され、四月までに家老一瀬要人《いちのせかなめ》を総督とする約二千の大部隊を越後に送った。会津藩は越後で積極的な行動に出たのである。

会津藩の軍制は鳥羽伏見の戦いまでは、長沼流の兵法による旧式の兵備だった。これでは西洋式の薩長とは戦えないとして、三月に軍制を改革し、装備を西洋式に改めた。年齢別に朱雀《すざく》、青龍《せいりゅう》、玄武《げんぶ》、白虎《びゃっこ》の四隊に編制したのが特徴で、朱雀は「しゅじゃく」とも呼び、十八歳から三十五歳までで、部隊は士中《しちゅう》、寄合《よりあい》、足軽《あしがる》の三隊に分けた。それぞれ一番から四番隊まであり、規模は一隊が約百人なので、総数では約千二百人だった。

青龍隊は三十六歳から四十九歳までで、士中三隊、寄合二隊、足軽四隊の約九百人で編制した。玄武隊は五十歳以上で、士中、寄合各一隊、足軽二隊の約四百人、白虎隊は十六歳、十七歳の少年兵で、この隊も士中、寄合、足軽の各二隊に分かれ、ここは一隊が約五十人、全体では三百人程度だった。なお、士中組、寄合組、足軽組と、組の字が付いた表現もある。

このほかに砲兵隊、築城兵、あるいは力士隊、猟師隊、修験《しゅげん》隊、さらに農兵隊約三千人があったが、それらを加えても会津軍の総兵力は七千人にすぎなかった。

数万とも十万ともいう薩長新政府軍に対抗することは不可能であり、旧幕府軍や東北、越後の諸藩との連携以外に、戦う道はなかった。

会津藩の越後方面軍の陣容は、次のようなものだった。

注目されるのは、筑後《ちくご》（福岡県）久留米《くるめ》の出である旧幕臣古屋佐久左衛門《ふるやさくざえもん》の衝鋒隊《しょうほう》である。古屋は旧姓は高松、通称勝太郎で、大坂で医学を修め、さらに江戸に出て洋学を学び、古屋家を相続して旗本になった。それから横浜に出て駐屯していたイギリスの軍隊に用兵術を学び、幕府陸軍に入り、歩兵差図役《さしず》頭取の要職にあった。実弟高松凌雲《りょううん》は西洋医で後に箱館《はこだて》病院長を務める。ともに秀才の兄弟であった。

古屋が率いたのは旧幕府陸軍の歩兵第十一連隊、同第十二連隊の兵士で、彼らは江戸無血開城を不満として脱走、古屋が指揮をとるかたちで関東を転戦、会津を経て越後に進駐した。兵力千余。越後方面軍は会津と旧幕府陸軍の連合体の性格があった。

総督　一瀬要人

軍事局　柴太一郎、柳田新助、土工兵隊差図役　安部井《あべい》寿太郎

水原《すいばら》府鎮将　萱野《かやの》右兵衛《うへえ》

組頭　撒兵《さっぺい》伴百悦、（後）河瀬重次郎、砲兵中沢志津馬

朱雀四番士中隊　中隊頭佐川官兵衛、（後）町野源之助

朱雀二番寄合隊　中隊頭土屋総蔵、（後）伴百悦、山田陽二郎、西郷刑部《ぎょうぶ》

朱雀四番足軽隊　中隊頭横山伝蔵
青龍三番士中隊　中隊頭木本慎吾
青龍二番足軽隊　中隊頭諏訪武之助
第二砲兵隊分遣隊　組頭市岡守衛
一門司令官　原幾馬、黒河内新六
第二遊撃隊　隊頭井深宅右衛門、木村忠右衛門
町野隊　隊頭町野源之助
新遊撃隊　隊頭佐藤織之進
結義隊　隊頭渡辺英次郎、井上哲作、木澤鉄作
衝鋒隊　隊頭古屋佐久左衛門
水戸諸生党　隊頭市川三左衛門、朝比奈弥太郎、筧助太夫
土着兵《どちゃく》　隊頭河原田治部、山内遊翁（大学）、沼沢出雲

これが主な士官の名前である。

このなかで衝鋒隊は独自の判断で動き、三月末、新潟に入ると新発田《しばた》藩から軍資金一千両を出させ、寺泊《てらどまり》（三島《さんとう》郡寺泊町）、与板《よいた》（同郡与板町）をへて高田《たかだ》（上越市）に入り、越後に攻

め寄せる敵軍を迎え討たんと信州（長野県）国境に向かった。ここで松代藩《まつしろはん》と交戦状態になり、飯山藩《いいやまはん》、高田藩からも攻められて、隊は四分五裂、兵を三分の一も失い、新潟に逃げ帰った。最初、歓待していた高田藩が突如、裏切ったのが痛かった。すでに信州国境は完全に敵の管轄下にあった。

会津と旧幕府の連合軍の問題点は指揮命令系統がバラバラであることだった。これはにわか作りの軍隊では、避けがたいことだったが、衝鋒隊は無駄な戦いをしてしまった。

血書で志願

薩摩・長州連合軍が越後に侵攻を始めたのは、閏《うるう》四月である。

薩長新政府は朝敵について第一等徳川慶喜、第二等松平容保、松平定敬《さだあき》とし、二月早々には最高軍司令部として大総督府を設置、山陰道、東海道、東山道、北陸道の諸軍を傘下に収め、有栖川宮熾仁親王《ありすがわのみやたるひと》を東征大総督に任じた。総督府には、軍令、軍政に関する権限が与えられた。

越後の薩長軍は北陸道と東山道から続々、兵を高田に集結させた。北陸道は長州の山県有朋《やまがたありとも》と薩摩の黒田清隆《くろだきよたか》が率いた。

『補訂戊辰役戦史』（一九六八年）によると、越後攻撃軍は薩摩、長州を主とする加賀、富山、高田藩兵約四千の北陸道軍と、尾張《おわり》、大垣《おおがき》、松代、高遠《たかとお》などの藩兵で構成する東山道軍千二百の合計五千二百であった。東山道は土佐の岩村高俊《たかとし》、薩摩の淵辺右衛門、長州の杉山壮一郎が指揮した。

最初の戦闘は会津の守備兵が守る小出島《こいでじま》村（北魚沼《きたうおぬま》郡小出町）で、ついで桑名藩や水戸脱走兵が守る柏崎《かしわざき》（桑名藩分領）で戦いの火蓋《ひぶた》が切って落とされた。

この段階まで長岡藩は慎重な構えだった。

薩長軍の首脳も長岡藩との戦闘は避けたい気持ちを持っていたといわれる。特に薩摩の黒田にその思いが強く、長岡の河井に手紙を出したが、それが届かず、河井自身も話し合いを望んだが、東山道口の軍監岩村高俊との会談が決裂、参戦に踏み切った。黒田の思いがどの程度のものだったのかは、不明である。積極的に河井に接触を試みたふしはなく、岩村にまかせたところを見ると、後年の作文の可能性もある。

ともあれ長岡藩の参戦で、越後は血みどろの戦いになった。

会津本郷《ほんごう》村（大沼郡会津本郷町）の少年、遠藤平太に参戦の命令が下ったのは、薩長連合軍が越後に侵攻する二か月ほど前の三月十二日であった。

従来、会津の軍隊は武士階級を中心としたもので、農民や町民は無縁だったという説が流布されているが、それは違っていた。幅広く兵を募り、領民皆兵の方針で臨んでいた。ただし地域によってかなりの違いがあり、それが戦局に大きな影響を与えた。このことはあとで触れる。

平太が住む本郷村は会津若松の西南二里（八キロメートル）にあり、三百人ほどの陶工がいた。

会津藩が京都守護職を拝命した文久二年（一八六二）から本郷村の陶工二十一人が、留《る》守備《すぞなえ》三の手寄合銃隊に編入され、小銃の訓練を受けていた。村には剣術、柔術などの道場もあり、士道の気風が貫いていた。

復元された水原代官所

村の陶工は今度の戦争に、血書をしたためて出兵を志願し、平太の父遠藤虎之助を世話人とする三十六人が越後水原府鎮将萱野右兵衛の番頭隊に編入された。番頭隊はのち鎮将隊に名を変える。

三十六人は会津鶴ヶ城に出向いて軍事教練を受けたあと、三月十二日に新潟に向けて出兵した。

鎮将隊は十四日に水原に到着した。現在の新潟県北蒲原《きたかんばら》郡水原町である。隊長萱野右兵衛は二十代後半、家禄五百石、重臣の一人である。会津藩の首脳はこの時期、世代交替が進み、若手が台頭していた。萱野もその一人だった。

鎮将隊は約二百五十人の編制で、甲士組、寄合組、銃隊の三隊に分かれ、平太の父虎之助は寄合組の作戦部付き、平太は隊長付きを命じられた。

虎之助は真面目な性格で、日々、『懐中日記帳』をつけていた。平太はそれに自分の体験を加え、後年、『戊辰戦争従軍記』をまとめる。その詳細な記述は迫真に富み、戦争の悲惨な実態を今日に伝える貴重な史料となった。

越後には多くの藩があった。上越の高田藩（十五万石）はすでに薩長軍につき、ほかに糸《いと》魚《い》川《がわ》藩一万石（糸魚川市）、椎《しい》谷《や》藩一万石（柏崎市）、与板藩二万石（与板町）、三《み》根《ね》山《やま》藩一万一千石（西蒲原郡巻町）、村松藩三万石（中蒲原郡村松町）、新発田藩十万石（新発田市）、三日《みっか》市《いち》藩一万石（新発田市）、黒川藩一万石（北蒲原郡黒川村）、村上藩五万石（村上市）、長岡藩七万四千石（長岡市）があった。

新発田藩は動向に不穏な空気があり、盟友の長岡藩を除いては弱小藩が多く、戦力としては不十分だった。このため会津藩としては米沢藩が積極的に参戦することに期待をかけた。

平太が戦場に向けて出軍したのは五月一日である。

長岡の河井継之助が参戦に踏み切り、越後を加えた奥羽越列藩同盟が結成された、まさにその時であった。人々は東日本政権の樹立に手応えを感じ、胸を躍らせた。鎮将隊は八幡大菩薩《はちまんだいぼさつ》、春日大明神《かすがだいみょうじん》、南無阿弥陀仏《なむあみだぶつ》などと大書した旗を真っ先に押し立て、神仏の御加護を祈念して出立した。翌日、加茂《かも》で敵の密偵二人を捕らえた。懐に菊の紋を染め抜いた旗を持っていて、部隊に緊張が高まった。

長岡周辺地図

平太は五月八日に長岡に到着した。連日、豪雨で信濃川が増水し、濁流が流れていた。十日には長岡軍とともに小千谷《おぢや》と長岡の境界、信濃川右岸の金倉山《かなくらやま》に布陣した。この辺りの榎《えのき》峠、朝日山で薩長軍の精鋭部隊、長州の奇兵隊と最初の大規模な戦闘となった。

狂気の戦場

敵軍は数は多いが主力は薩摩藩約七百四十人、長州藩約七百六十人で、その他は多分に義理だての軍隊だった。

黒田清隆と山県有朋の作戦は「小千谷に至れば信濃川を渡って榎峠、朝日山を攻め長岡城を奪取すべし」というものだった。

朝日山頂上にある塹壕の跡

これが実行に移され、榎峠、朝日山が早くも奪われた。長岡までの距離、わずかに三里半、一気呵成《かせい》に長岡に攻め込まれる危険があった。同盟軍にとって榎峠と朝日山の奪還は急務となった。

ここに至って、ついに長岡軍が出動した。長岡は正規兵二大隊、約六百人に若干の槍隊と農兵二

朝日山の麓にある会津藩士の墓

大隊を有し、その兵力は約一千であった。正規兵は小銃で武装し大砲三十門を持ち、訓練も行き届いていた。服装は紺木綿の筒袖《つつそで》、背《せ》割羽《わりば》織《おり》、モンペに似た袴《はかま》、ダンブクロで、背中には長岡藩の標識、「五《ご》間梯子《けんばしご》」をつけていた。

服装が混然としている会津兵に比べると整然とし、薩長軍に遜色《そんしょく》はなく、これも西洋好みの河井の方針が反映されていた。

長岡、会津、桑名、衝鋒隊を主力とする同盟軍は十日早朝、榎峠に総攻撃を掛け、夕方までにここを奪い返し、塹《ざん》壕《ごう》を築き、大砲を運びあげた。雨のなか朝日山にも攻撃を加え、長州兵の激しい抵抗でかなりの犠牲者を出したが、敵を撃退し、朝日山も確保した。

朝日山は標高三百四十一メートルの眺望のいい山地で、下を信濃川が流れ、対岸に陣取った薩長軍を一望のもとに見下ろせた。

平太と一緒に戦った少年兵武田富松は、この戦闘で口から耳の下に敵弾が貫通、戦死した。平太も雨のなかの野宿のため、足の指の間が腐乱し、痛くて痛くて眠れなかった。

戦争は狂気そのものであった。衝鋒隊の一人が敵兵の生き肝を食い、発狂して後方に送られたのを平太は目撃した。殺し、殺される恐怖の日々だった。

五月十三日早朝、長州軍参謀補時山直八《ときやまなおはち》の部隊が濃霧のなかを攻めてきた。

「朝霧の晴れはじめしにより四方を凝視するに、四方より蓑笠《みのかさ》を着たる人足体《てい》の数人登り来たれば、敵には変装し朝掛けせしものと察し、各持場の塁壁につき、狙撃に努力せり」

平太の日記である。平太も必死で小銃で撃ちまくった。先頭を切って進んできた時山が真っ先に銃撃され、敵は大混乱に陥った。敵は時山の遺体収容もままならず、首を切ってやっと持ち返る始末だった。

遠藤平太の軍服（本郷町遠藤家蔵）

時山は山県の松下村塾《しょうかそんじゅく》以来の友人で、奇兵隊参謀として長州軍を引っ張ってきた。この知らせに山県は愕然《がくぜん》とし、悲しみにうちひしがれた。

山県は「当時の兵は、ひとり奇兵隊が多少軍隊の素養があったが、他は恐怖心を生じ、薩摩兵は退却を口にするほどだった」（『越《こし》の山風』一九三九年）とのちに記した。奇兵隊が一手に支えており、それだけに、犠牲も大きかった。

新潟陥落

東日本政権の樹立を目指す奥羽越列藩同盟の越後戦略は、米沢藩が鍵を握った。

当初、米沢藩は藩内が微妙に分かれ、慎重派も多かったが、最終的に出兵と決まったのは、越後に帰るという藩祖上杉景勝《かげかつ》以来の悲願があったためだった。狭い米沢に押し込められた上杉家の人々にとって、広大な越後は一日たりとも忘れたことのない墳墓の地だった。

越後の軍議書は、次のようなものだった。

一、薩長兵千人が富山応援として越後に進発、会津国境に討ち入りの報がある。無理に押し来たれば、米沢藩が大挙、出動して越後の諸藩とともに迎撃する。庄内も応援する。

一、信州、上州(群馬県)、甲州(山梨県)までも手を伸ばし、機を見て関東を攻め取る。

一、加州(石川県)、紀州にも使いを出し、これと連合して敵軍の勢力を殺ぐ。

というもので、越後の絶対死守が大前提であった。

奥羽、越後は一つと意気に燃える同盟軍だったが、破綻《はたん》は突然、やってきた。

五月十九日朝、平太は、長岡の方向に遠雷が響き渡り、黒煙が上がるのを見た。

長岡城に敵が奇襲攻撃をかけ、長岡が占領されたのである。同盟軍が朝日山で防戦しているその隙に、敵が信濃川を渡河して奇襲作戦に出たのだった。

信濃川ぞいに戦線が延びきっており、頼みの米沢兵が長岡に到着する前に攻撃を受けてしまった。誤算であった。

河井は長岡城を奪還すべく野戦に転じ、七月には八丁《はっちょう》沖を渡河する奇襲作戦で、ついに長岡城を奪還したが、その後の戦闘で河井が重傷を負い、加えて新潟港を奪われるという決定的な事態に直面し、越後の戦闘は敗北する。

新潟港の陥落は七月二十九日である。

この日の未明、米沢藩新潟口総督色部《いろべ》長門《ながと》は宿舎の光林寺《こうりんじ》で就寝中、叩き起こされた。新発田藩の手引きで、佐渡から敵の海上部隊が現れたのだ。軍艦二隻と輸送船四隻の大部隊である。長岡城を奪われながらも同盟軍が善戦していたのは、ひとえにスネル兄弟の力によるものだった。兄弟が上海《シャンハイ》や香港から武器弾薬を運び、同盟軍に補給していたためだった。

これを続けるためには、海の防衛が必須《ひっす》だった。そこで会津藩、米沢藩、仙台藩の代表が江戸湾に浮かぶ榎本武揚《えのもとたけあき》の艦隊を訪ね、新潟に軍艦を回航し、薩長の輸送船を撃破してくれるよう強く陳情したが、その願いは聞き入れられず、新潟港は無防備のままだった。

スネル弟はこのとき、武器弾薬の陸揚げ中だった。

スネルに関しては官軍の記録『復古記』に次の記述がある。

「スネル、奥越に往来し、賊のために器械、弾薬を資し、諸軍を指揮し、自ら宇内《うだい》（天下）の軍機を知ると証す。ここに至り進退きわまり、ほとんど縛につかんとす。叩頭《こうとう》して哀れを乞う、その外人たるをもって、放って本船に帰らしむ、所携の妻妾及び乳母はなお会津にありという」

ここに登場するスネルは兄弟ではなく一人である。会津に妻がいたとあるので兄のように思えるが、武器の陸揚げは弟が担当していたので、弟かもしれない。

ともあれ同盟軍に海軍力がないことは致命的だった。また、新発田藩の裏切りが同盟軍に決定的な打撃を与えた。

薩長軍の輸送船は新発田藩領の太夫浜《たゆうはま》（新潟市）に停泊し、兵を上陸させ、新発田藩の誘導で、会津軍の追撃を開始した。

このとき、平太の部隊は新潟の酒屋の陣屋にいた。平太らは夜通し歩いて水原の陣屋に戻ると、はやくも十八日早朝、新発田藩兵が攻め込んだ。塁壁はことごとく破られ、萱野右兵衛の鎮将隊は、数千両の軍資金を持ち出せぬまま、会津に向かって敗走するしかなかった。

「雲霞《うんか》のごとき大軍に対し僅か三十人の少数にて、敵軍の近づきたれば、一斉に射撃し、乱闘奮戦に時を移したれど衆寡敵することあたわずして、敗走するのやむなきに至り、敵兵には四方より包囲し、突撃猛烈なりしも、ようやくにして脱《のが》れ来たれり、そのとき上衣を銃丸三発貫通せしも、身体に命中せざりしは、僥幸《ぎょうこう》にてありしと、上衣の丸痕《たまあと》を示したり」

平太と父は危機一髪、やっと水原を脱出した。

水原から会津若松へは、現在の国道四十九号線ぞいの道筋になる。萱野は安田町の赤坂山の断崖絶壁に陣地を築き、敵の侵攻を阻止せんとした。

平太の父が重傷を負った赤坂山

八月三日未明、銃声が四方に起こり、双方で激しい撃ち合いとなった。

先鋒は新発田兵と村の若者である。本来、ここは会津の領地であった。ところが撤退にさいし、辺りの村に火を放った一隊があり、村人が怒って攻め寄せた。

父虎之助はここで左腕に銃弾を受けた。平太は父と離れたところで戦っていて、このときは側《そば》にいなかった。

「雑踏はなはだしところへ、父親虎之助馳せ来たり、もはや味方にはすべて敗軍となりたり、遺憾ながらここにて防戦の術《すべ》なければ、隊長にも速やかに御退去なりたしと。私にも負傷せしと大刀を抜き持ちたり、傷所を問えば、左手なりとのことゆえ、左腕を銃丸が貫通せしのみと心得、さほど憂慮もせざりしに……」

歩けることもあって、平太は軽傷だと思い、安堵《あんど》した。ところが父が突然、歩けなくなった。

「山の麓《ふもと》に至り足並み乱れ定かならず。躓跟《つまずき》たれば、小生不審に思いしは、手腕に銃丸の貫《とお》せしくらいにて歩行などにはさし支えなきものなるに、他の重傷せしならん。いずれここにて悶絶《もんぜつ》などせられては、詮方《せんかた》なく身を悩ましたり」

父の傷は銃丸のほかに太刀傷が三か所あり、重傷だった。

負ければ賊軍である。村人からも見放されて、人夫の応援もなく、怪我人を抱えて平太は途方にくれた。

父虎之助の容態が急に悪化したのは出血が止まらず、体力を消耗し、加えて傷が化膿したためだった。途中、津川《つがわ》（東蒲原郡津川町）で医師の診察を受けたが、痛みがひどく、もう立てなくなった。敵はどんどん追いかけてくる。幸い、平太の家に出入りしていた商人《あきんど》に出会い、その人が助けてくれて、平太はようやく父を会津若松に運び、藩校日新館の野戦病院に担ぎ込むことができた。

平太は運の強い少年だった。伝令に出て道を間違え、行方不明になったり、夜間行軍中、信濃川に転落し、流されて行方が分からなくなったこともあった。行方不明のときは、友軍に見つけられて送り届けられ、流されたときも偶然にも岸辺の木につかまり、奇跡的に助かった。

戦場での生死はすべて紙一重だった。

こうして越後口は完全に奪われ、武器の補給は途絶えた。

戦闘になるといつも出動が遅れ、逃げ腰だった米沢兵はいち早く帰国し、越後は薩長軍の手に落ちた。

平太は病院に付き添って父を看病したが、そこには過酷な運命が待ち受けていた。

二　日光口の戦い

旧幕府兵の決起

慶応四年四月十一日の未明、駿河台《するがだい》の旗本の屋敷から密《ひそ》かに門を出て行く侍がいた。

幕府歩兵奉行大鳥圭介《おおとりけいすけ》である。大鳥は幕府の瓦解《がかい》に納得が行かなかった。戦うこともせずに、むざむざ敗れたことに我慢がならなかった。

大鳥は天保《てんぽう》四年（一八三三）、播州赤穂《ばんしゅうあこう》（兵庫県赤穂市）の在の医者の家に生まれた。大坂に出て緒方洪庵《おがたこうあん》の塾で蘭学を修め、さらに江戸に出て兵書に親しみ、慶応二年、幕府直参に取り立てられると開成所教授になり、勘定奉行小栗上野介忠順《ただまさ》の世話でフランス士官による仏式操練の伝習を受けた。どこか長州の大村益次郎《おおむらますじろう》に似た経歴である。

その後、小川町《おがわまち》伝習隊長、大手前《おおてまえ》大隊長と幕府陸軍の中枢を歩み、歩兵差図役頭取、歩兵頭並、歩兵頭と順調に昇進、慶応四年二月、歩兵奉行に進んだ。文字どおり幕府陸軍のトップであった。

四月十一日は江戸城無血開城の日であった。大鳥が案内されて本所《ほんじょ》の法恩寺《ほうおんじ》（墨田区太平《たいへい》一丁目）に行くと、そこに伝習第二大隊（小川町）の本多幸七郎、大川正次郎らの幹部と下士官四十人、兵四百五十人ほどが待っていた。翌日、次の集合地、下総《しもうさ》（千葉県）市川に行くと、伝習第一大隊（大手前）約七百人、第七連隊三百五十人、桑名藩兵約二百人、土工兵約二百人という大部隊がいた。彼らは三つのグループに分かれていた。

旧幕臣　土方歳三《ひじかたとしぞう》、吉沢勇次郎、小菅《こすげ》辰之助、山瀬主馬、天野電四郎、鈴木蕃之助《ばんのすけ》

会津人　柿沢勇記、天沢精之進、江上太郎（秋月登之助）、松井某、工藤某

桑名人　立見鑑三郎《たつみかんさぶろう》、松浦秀人、馬場三九郎

である。

これを加え総勢二千余の大軍となった。大砲も二門あった。この部隊を誰が統率するのか、全員は大鳥を総督と仰ぐことで一致し、日光を拠点に薩長と戦うことで衆議は一決した。大鳥は全軍を三つにわけ進軍を開始した。

先鋒　伝習第一大隊約七百人、隊長江上太郎
　　　桑名藩隊約二百人　隊長立見鑑三郎
　　　新選組隊約三十人　隊長土方歳三、大砲二門
中軍　伝習第二大隊約五百人、隊長本多幸七郎
後軍　伝習歩兵第七連隊約三百五十人、隊長山瀬主馬
　　　土工兵約二百人

先鋒の総指揮は土方がとり、中軍、後軍は大鳥がとった。大鳥が土方を思い切って先鋒の指揮官に任命した。実戦の経験を買ったのである。

大鳥は合理的な人間で、身分ではなく実務を重視した。新選組の副長として数々の修羅場をくぐってきた土方はまぎれもなく戦士であった。戦争は咄嗟《とっさ》の判断が重要であり、また部下がいかに上官を信頼するかが重要だった。大鳥が土方に先鋒を任せたのは、英断であり、かつ賢明であった。

大鳥の部隊に加わった会津藩の人々は江戸に残っていた工作員だった。旧幕府の軍隊をい

かに会津に誘導し、来たるべき薩摩、長州との戦争に備えるか、彼らはあらゆるルートを通じて旧幕臣や佐幕派のなかにもぐり込み、支援の拡大をはかった。新選組は会津藩の同志である。土方が先鋒の指揮をとることは、会津藩としても喜ばしいことだった。

この軍団を会津に向かわせるか、それとも関東で戦うか、大鳥はこの段階では、まだ考えていなかった。大鳥はとりあえず徳川家の聖地、下野《しもつけ》（栃木県）の日光に向かうことにした。

宇都宮城攻防戦

常陸《ひたち》（茨城県）の下妻《しもつま》、下館《しもだて》を開城させ、下野小山《おやま》まで来たところで上野館林《たてばやし》藩、常陸笠間《かさま》藩、下野壬生《みぶ》藩が大鳥軍に抵抗したが、これは問題外で、四月十九日には、宇都宮に到達し、宇都宮城を取り囲んだ。

宇都宮城は何人か城主が替わり、家康の時代は家康の忠臣本多正純《まさずみ》が城主だった。しかしいわゆる「釣天井事件《つりてんじょう》」の嫌疑で出羽に流され、不運の城というレッテルが貼られた。

この城には本丸、二の丸、三の丸があり、その周辺に水濠、カラ堀をめぐらせ、城壁は土堤づくりであった。土方隊は進軍ラッパを吹きながら、麦畑に散開して進んだ。

宇都宮藩兵は大砲で応戦したが、一発撃つごとに土方隊から数発の砲弾を浴び、たちまち

大鳥は旧幕府兵を日光に布陣させた

損害を出した。やがて大島の本隊が突撃し、宇都宮城は炎をあげて落城した。しかし、相手の必死の抗戦で大鳥軍も犠牲者が多く、死者は将校兵卒七、八十人にも達し、土方も足の指に負傷した。弾薬を使い果たし、兵の疲れもひどかった。

ここは兵を休ませ、会津藩から食糧、弾薬の補給を受けるしかなく、大鳥は日光に引き上げることにした。

戦闘でもっとも重要なことは、補給であった。戦闘が始まれば弾薬箱はたちまちカラになる。兵器も破損する。兵の補充もいるし、怪我人の治療も大事である。しっかりした後方基地がなければ、戦争の継続は困難だった。

日光は旧幕府の聖地である。日光に避難した大鳥軍に日光山内《さんない》の寺院は全面的に協力し、安居《あんご》院、華《け》蔵《ぞう》院、養源《ようげん》院、医《い》王《おう》院、浄土《じょうど》院などの寺院に二千余の軍勢を収容した。ご神体も戦火を避け田島《たじま》（南会津郡田島町）経由で会津鶴ヶ城に移送した。

大鳥は日光で決断を迫られた。日光は格好の基地であったが、東照宮を戦火にさらすことができようか。その思いは日光攻撃に向かう土佐の板垣退助《いたがきたいすけ》も同じだった。日光街道方面の攻略にあたっては、薩長軍は珍しく土佐に権限を持たせていた。

板垣には徳川慶喜は敵だが、徳川家康は敵にあらずとする意識があった。土佐藩主山内《やまのうち》容堂《ようどう》（豊信《とよしげ》）の初代は、山内一豊《かずとよ》である。一豊は豊臣秀吉に従って武功をあげ、秀吉没後は徳川家康の家臣になり、関ヶ原の功績で土佐二十余万石の大名に昇格した。

恩人である家康を祭った日光東照宮に、火をつけられるはずはない。板垣は大鳥に使者を送り、ここでの戦闘回避を申し入れた。

大鳥もこれを受け入れ、会津に向かって、軍を立て直すことにした。大鳥を追って日光に入った板垣退助は、陽明門の前で土下座し、

「余は官軍参謀をもって拝するにあらず。土佐藩士の礼をもってこれに及べるなり」

と書き記した。

五十里への道

大鳥は会津軍の守備部隊のいる会津領の五十里《いかり》（栃木県塩谷郡藤原《ふじはら》町）を目指した。

江戸から会津若松に向かう最短距離は、奥州街道を下り、白河《しらかわ》から北々西の勢至《せいし》堂《どう》峠（岩瀬郡長沼《ながぬま》町）に向かい、猪苗代《いなわしろ》湖の南岸から西岸に出て、会津若松に入る道である。もう一

つは郡山《こおりやま》あるいは本宮《もとみや》（安達郡本宮町）まで来て、中山峠や母成《ぼなり》峠を越える道である。

第三の道が会津と日光を結ぶ街道であった。会津では通称南山《みなみやま》通りといい、関東では会津街道、会津西街道と呼んだ。

この道は二つあって一つは今市《いまいち》から小佐越《こさごえ》（藤原町）に出て、高原を経て五十里に行く道である。ここは牛馬も通り、会津廻米の道であった。もう一つは日光から山岳地帯に入って日蔭《ひかげ》村（塩谷郡栗山《くりやま》村）に出て、五十里に出る間道である。この間、八里余、人家はなく牛馬も通らない悪路である。

どちらにせよ会津西街道は戦略的に重要だった。ここから関東に攻めのぼることができたからである。大鳥はわざわざ悪路を選んだ。敵を警戒したためである。

日光口総督山川大蔵

「山道は険悪で牛馬すら通らない。一歩踏み外せば千仞《せんじん》の谷底で、休み休み深山幽谷を歩き、兵は石を枕とし、樹木により掛かり、枯れ葉を焚いて暖をとった」
大鳥は『南柯《なんか》紀行』（『幕末実戦史』所収）で道中をこのように記した。
会津藩はこの街道に、若年寄の山川大蔵《やまかわおおくら》（浩）を配していた。山川の使命は今市に出て、関東に攻めのぼることだった。

山川はこの道に精通していた。江戸を引き上げるとき、ここを通って会津若松に帰り、三月には兵三百を率いて今市に出かけていた。今市には会津藩の米蔵が四棟あり、米千俵を保管していた。

山川は、まだ二十代の青年だった。二年前には幕府外国奉行小出大和守秀実《こいでやまとのかみひでみ》に随行してロシアを訪ね、ペテルブルグでの国境画定交渉に臨んだ。帰国してすぐに鳥羽伏見の戦いが起こり、砲兵隊員として戦い、最後まで大坂に残り、怪我人を幕府の輸送船に乗せて江戸に運んだ。祖父の兵衛《ひょうえ》が家老ということもあったが、若いのに見上げたものだと称賛され、若年寄に抜擢《ばってき》された。

藩校日新館の生徒時代から秀才の誉れが高く、また面倒見がよかったので同期生や下級生に慕われ、彼の周辺にはいつも大勢の若者がいて、いつのまにか山川閥を形成していた。

実弟が先に紹介した山川健次郎で、二度、東京帝大総長を務め、「士道の人」「星座の人」といわれた。妹の捨松《すてまつ》は薩摩の大山巌《おおやまいわお》の妻になり鹿鳴館《ろくめいかん》の華といわれた。明治以降も山川といえば、会津を代表する家系だった。

大鳥が疲労困憊《こんぱい》して五十里にたどり着くと、会津藩の本陣に家老の萱野《かやの》権兵衛《ごんべえ》がいた。萱野に入国の許可をもらい山王《さんのう》峠（田島町と藤原町と結ぶ峠）に行くと、そこに山川大蔵がいた。

会ったときの印象を大島は次のように記している。

「オロシャ（ロシアのこと）に至り、西洋文化の国勢を一見し来たりし人にて、一通り文字もあり、性質怜悧《れいり》なれば、君侯の鑑裁《かんさい》（目きき）にてこの人を遣わし、余と全軍のことを謀らしめんが為に送られたり、余一見その共に語るべきを知りたれば、百事打ち合わせ、大いに力を得たり」

大鳥は山川が好きになった。人間の第一印象というのは、かなり的確なものである。この日から日光口は大鳥と山川が手を組み、鉄壁の布陣を敷くことになる。

山川の兵は田中蔵人《くらんど》の朱雀二番士中隊、日向内記《ひなたないき》の砲兵隊、原平太夫の青龍二番寄合組隊、桜井弥一右衛門の朱雀二番足軽隊、有賀左司馬の青龍四番足軽隊など約三百人であった。不足分は日光猟師隊のなかから数十人選抜して田中の隊に編入していた。兵力が多いとはいえなかったので、大鳥軍の来援は大歓迎だった。

後方基地の田島で兵を休養させた大島は、会津藩の要望も聞き、全軍を次の四大隊にわけ、半分を白河方面に配置した。

第一大隊　四百五十人（元大手前大隊）
　　隊長江上太郎、参謀松井某、工藤某
第二大隊　三百五十人（元小川町大隊）

隊長大川正次郎、沼間《ぬま》慎次郎（守一《もりかず》）

第三大隊　三百人

隊長加藤平内、山瀬主馬、天野電四郎

第四大隊　二百人

草風隊隊長天野花蔭、村上求馬

純義隊隊長渡辺綱之助（小池周吾）

以上の編制で、第一大隊を白河から田島に抜ける宿場の三斗小屋《さんどごや》（那須《なす》市）に、純義隊を白河口、草風隊を塩原《しおばら》（那須郡塩原町）、第二、第三大隊を日光口に配備することを決めた。

日光口は旧幕府と会津の共同作戦で対処することになった。会津藩のなかには他国の兵を排除する者もいたが、山川の思考は柔軟で、大鳥と見事なチームワークを発揮した。日光猟師隊の動員などは、二人の知恵の結集だった。

「大勝利、愉快無限」

戦いは各地に広がっていた。通信連絡の遅れていた時代である。どこで何が起こっているか、互いに詳しくは知らない。それぞれのところで、必死に戦っていた。

日光口は比較的平穏で、ときには今市まで出撃したが、土佐藩兵の守りは固く、関東進出はならなかった。やむをえず五十里に本営をおき、毎日、鬼怒《きぬ》川で魚とりの日々だった。越後で長岡城の奪還作戦が展開されていたころである。

六月二十五日の昼、五十里の山川に藤原口に敵軍が襲来したとの急報があった。敵は鍋島《なべしま》鷹之助率いる三百の佐賀藩兵と、先導の宇都宮兵である。

こんなこともあろうかと、山川と大島は藤原の前方に胸壁を築いていた。

翌二十六日、二人は早速、兵を率いて胸壁に布陣した。

現在の地勢でいうと、藤原町は栃木県の北西部に位置し、町の中央で南流する男鹿《おじか》川が鬼怒川に合流し、南北を会津西街道が縦断する。北は山王峠で会津と境を接し、南は鬼怒川を隔てて今市で日光、宇都宮につながる交通の要衝である。ここを東武鉄道鬼怒川線が通っていて、浅草と新藤原は特急で二時間で結ばれている。現在は都心とも近いが、往時は大辺境であった。

日光口、竜王峡でも激戦があった

佐賀兵は鬼怒川の東岸の山裾《やますそ》をけずった狭い道を攻めてきた。下は断崖絶壁である。猟師隊の通報を受けた大島は、その崖の上に、四十人ほどの狙撃兵を配置した。

そこに入ってきた佐賀兵は不運だった。崖の上から雨あられと銃弾が降り注ぎ、多くの兵士が鬼怒川の急流に落ちた。

山川の朱雀隊は、迂回《うかい》して敵の背後に回って銃撃を加えた。崖の上からの銃撃を逃れ、必死に逃げ帰ろうとする佐賀兵は完全に逃げ場を失った。多くは鬼怒川に転落して下流に流された。

三百人の佐賀兵が壊滅したのである。持ち込んだ大砲も大鳥と山川がことごとく分捕った。分捕り品にはアームストロング砲一門、四斤砲一門、元込め銃三十挺、弾薬は数千発もあった。

「まことにもって大勝利、愉快限りなき儀に候」

山川は会津若松の軍事局に急報した。

この空前の大勝利に貢献したのは日光猟師隊であった。日光山麓には猪、鹿、兎などが多数生息し、農作物を荒らすために日光奉行所が数百人の猟師に助成金を与え、狩猟を命じていた。大鳥と山川はこの猟師隊に着目し、特に腕のいい藤原鉄砲隊と栗山鉄砲隊を採用したのである。

山岳戦ではこれが威力を発揮した。鉄砲隊は胴着の上に柔道着のようなジブを着け、浅黄《あさぎ》色の山袴をはき、腰には獣の皮でつくった尻付《しつつき》を提げ、猟銃を担いで戦闘に加わった。

越後の戦争に陶工が加わったように、日光口では猟師が参戦し、重要な役割を果たした。このため薩長軍は猟師隊を目の敵《かたき》にし、捕らえると腕を切り取り、これみよがしに樹木にくくりつけてさらした。

七月に入ると、奥州街道に敵が侵攻したため、大鳥は会津本庁の要請で会津若松に向かい、山川は藤原に駐屯したが、七月二十七日、主君容保から戦況の悪化を伝える急報が入った。

「いまや新発田藩、同盟に背き、米沢藩も国境に退いた。二本松にも敵が迫った。速やかに兵を五十里に退くべし」

というものだった。

三　白河口戦闘記

白河城跡

みちのくの関門

古来、東北の玄関は白河であった。

京の人々にとって、みちのくは異界《いかい》であった。ここに城下町を造ったのは丹羽長重《にわながしげ》である。織田信長の安土《あづち》城の普請奉行を務めた丹羽長秀《ながひで》の子である。

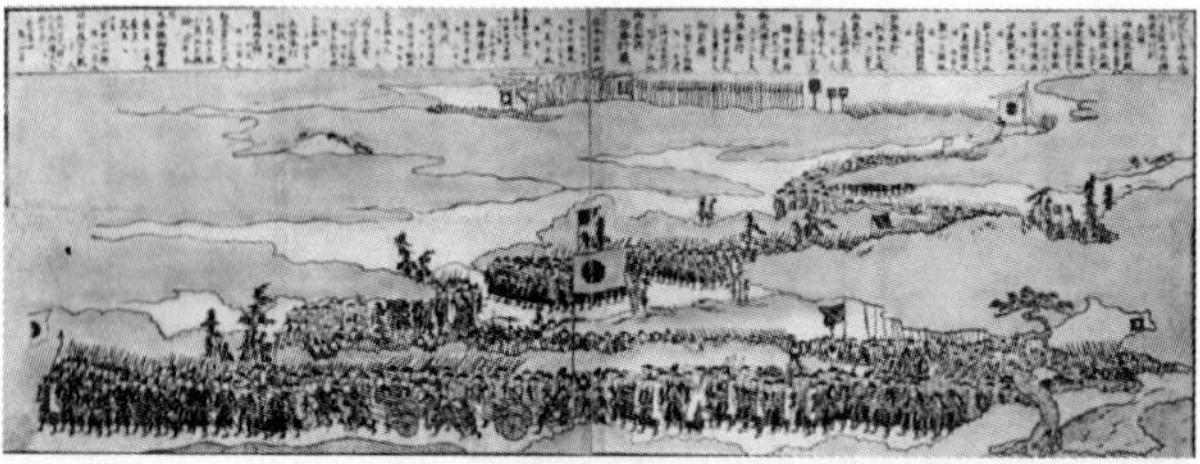

出陣する仙台藩兵の図（斎藤報恩会蔵）

城の北西側を流れていた阿武隈《あぶくま》川を北に付け替えて旧河道を外堀とし、旧河川敷に二の丸、三の丸を設け、本丸は石を積み上げて造り、三重櫓《やぐら》、富士見櫓などを設けた。周囲には侍屋敷、足軽屋敷、中間《ちゅうげん》屋敷が配置されていた。

この城を見た伊達政宗は「この城は朝飯前に落とせる」と語ったというが、実際、そのような城であった。堀も狭く東北の関門にしては、きわめて防備が手薄な城で、しかもここは領主がいない空き城で、列藩同盟にとっては頭の痛いことだった。

奥羽列藩同盟がなるや、会津藩はただちに白河城に兵を入れ、奥州街道を下ってきた薩長軍を迎え撃つ態勢を整えた。

仙台藩もここに大軍を送り込んだ。

もともと仙台藩は会津とは立場が異なっていた。薩長とは特に対立した関係ではなかった。しかし突然、奥羽鎮撫総督軍が仙台に進駐し、仙台藩を罵倒《ばとう》し、一方的に会津攻撃を仙台に命じたとき、事態は急変した。

仙台藩養賢堂《ようけんどう》学頭新井義右衛門、副学頭玉虫左太夫らが薩長新

政府のやり方を批判し、執政、国家老の但木土佐《ただきとさ》、若手の坂英力《さかえいりき》、真田喜平太《さなだきへいた》らは「薩長は名のみの官軍であって実は草賊の酋長にすぎない」と反発し、会津擁護の立場に立った。むろん新政府の存在も認めず、官賊、あるいは賊軍と呼んだ。薩長の参謀たちは、大藩仙台の誇りを完全に読み誤ったのである。

列藩同盟の戦略で、最重要地区は白河だった。白河以北に絶対、敵兵を入れてはならない。これが列藩同盟の大原則であり、次のような軍議書をかかげた。

一、敵が白河に無法に討ち入った場合は、会津藩が決死防戦する。
一、仙台藩も大挙、白河に出兵し、四方の諸藩に防戦を指示する。
一、連合諸藩の出兵にさいし、傍観する者は厳重に処置する。
一、会津兵は大挙、藤原口から今市、日光に攻めのぼり、近傍の諸藩と語り、江戸に進撃する。
一、宇都宮の敵も追い払い、利根川を境にして固く守り、房総にも手を伸ばし関東を占領する。ただし江戸は取りやすく、守りにくいので、北越の動向をよく見て、万全の方策を立てる。
一、米沢藩も白河に兵を出す。

といったもので、関東や江戸に展開する旧幕府兵や彰義隊《しょうぎ》にも期待を寄せ、関東以北から薩長兵を一掃することをうたった。

この作戦は全国的な視野に立ち、西郷や大久保の心胆を寒からしめる大作戦であった。これは西郷や大久保にとって恐るべき展開であり、ひとつ間違えば、薩長新政府はたちまち瓦解することは必至だった。

列藩同盟は、さらに次のことを確認していた。

一、奥羽鎮撫総督府下参謀世良修蔵の惨酷《ざんこく》残暴は愁苦に耐え兼ね、放逐の運びに至った。その趣を太政官《だじょうかん》、征討府に哀訴するとともに、天下列藩へ布告、広く公論を聞く。

一、仏国、米国、露国などと結び、海軍および兵器などの手配、油断なかるべきこと。諸外国の饗応は会津藩が担当する。

一、西南の諸藩までも同心有志の族へ密使として使わし、東西響応の策を打ち出し、奸賊を追い詰める。

一、旧幕府の遺臣ならびに海軍と密かに策を練り、同時に蜂起する。

一、急ぎ京都、江戸に使者を送り、両地に詰める藩士を引き戻す。

一、秋田藩に異論の動きがあるが、これは米沢藩が尽力説得する。八戸《はちのへ》藩も同じなので、南部（盛岡）藩が説得する。

奥羽が蜂起した事情を諸外国に十分に説明し、その協力をえて軍備を整え、奥羽、越後にとどまらず、全国的規模で騒乱を起こすとしたのであった。重要な部分は京都、大坂の事情に詳しく、スネルを通じて諸外国と交渉のある会津藩に命運がゆだねられた。
列藩同盟の火付け役、会津藩の責任は重大であった。仙台にしても米沢にしても、同盟参加の発端は会津の救済であり、しかも薩長と戦闘経験のあるのも会津だけである。すべての面で奥羽の諸藩は会津に依存した。
実はここに重大な問題があった。会津藩は鳥羽伏見の戦いで、すべてを失って帰国していた。財政的にも破綻しており、戦費もままならないのが実情だった。軍制を洋式に改め、年齢別に編制し、大砲隊も整備したが、泥縄式との批判も免れず、諸藩の期待と実情とは大きな差があった。試金石は白河であった。ここで勝利すれば士気は高まり、結束が強化されるはずであった。

人選に誤り

会津藩は白河口に約千五百人の大部隊を送った。問題は誰が指揮をとるかであったが、総督は意外にも非戦派の家老西郷頼母《さいごうたのも》であった。下記のように隊長には京都以来の歴戦の勇士がついたが、西郷は性格的に狭量で、人望がなく、疑問が持たれる人選だった。

総　督　西郷頼母

副総督　横山主税
朱雀一番士中隊　中隊頭　小森一貫斎
義集隊　大隊頭　辰野源左衛門
新選組　隊頭　山口次郎
純義隊　隊頭　小池周吾
青龍一番士中隊　中隊頭　鈴木作右衛門
朱雀一番足軽隊　中隊頭　日向《ひなた》茂太郎
青龍一番足軽隊　中隊頭　杉田兵庫
遊撃隊足軽隊　隊頭　遠山伊右衛門
朱雀一番寄合隊　中隊頭　一柳《ひとやなぎ》四郎左衛門
砲兵隊　隊長　樋口久吉
会義隊　隊頭　野田進
義集隊　隊頭　今泉伝之助、井口源吾
棚倉藩一小隊　隊長　平田弾右衛門

この名簿は『会津戊辰戦史』から抜粋作成したもので、平石弁蔵著『会津戊辰戦争』では、若干名前が異なってくる。大島圭介の『南柯紀行』になると、さらに違ってくる。幕末会津藩の史料は戊辰戦争で散逸、あるいは焼失し、公式文書が極めて不足しており、名簿については、全般にかならずしも正確を期しにくい部分があることを、ここで断っておかねばならない。

仙台からも大軍が白河口と福島口に派遣された。

福島軍事局　執政　坂英力、参政兼参謀　真田喜平太　警衛歩兵一大隊
白河城　大隊長　瀬上《せのうえ》主膳、歩兵五小隊　砲兵一小隊
　大隊長　佐藤宮内《くない》　歩兵三小隊、砲兵一小隊
　参謀　坂本大炊《おおい》　歩兵三小隊
　副参謀　今村鷲之助　砲兵一小隊
　会津藩　一柳四郎左衛門（福島で合流）
　庄内藩　小梁川敬治一小隊

双方合わせると、どのくらいの兵力だったのか。一般には約二千といわれているが、『補訂戊辰役戦史』では二千五、六百と見る。これに対して白河に攻め込んだ薩長軍は宇都宮に

いた薩摩の伊地知正治《いじちまさはる》率いる薩摩、長州、大垣、武蔵忍《むさしおし》（埼玉県行田市《ぎょうだ》）の東山道軍約七百といわれている。この数字にはやや疑問もあるが、いずれにしても、同盟軍は敵の三、四倍の大兵力を配備した。しかし、会津と仙台は装備も訓練も異なり、仙台にとってははじめての戦争である。そこに危惧《きぐ》があった。

会津藩の総督西郷頼母に実戦の経験がないことも、致命的欠陥といえた。加えて副総督横山主税も戦争の経験はなかった。小森一貫斎、山口次郎ら鳥羽伏見以来の歴戦の勇士はいたが、飾り物の総督、副総督が上にいては、作戦に支障が出ることは十分に予測された。はたして戦略をめぐって当初から対立が生じた。

純義隊の小池周吾や新選組の山口次郎らは「この城は守れない。兵を郊外に展開させるべきだ」と主張したが、西郷は、「いま仙台、二本松、棚倉《たなぐら》など各藩の大兵が白河城にあり、なにを憂えるか」と取り上げなかった。

なぜ会津藩は戦闘経験のないいわば素人を、もっとも大事な白河の総督、副総督にすえたのか。人材の払底もあったが、これは明らかに藩主松平容保の用兵に誤りがあったとしかいいようがなかった。

鳥羽伏見の戦いのさい、将兵をおきざりにして逃げ帰ったことが、容保を消極的にさせたかもしれない。戦争に批判的だった西郷を引き出すことで、全藩一致の印象を演出しようとしたのだろうか。戦闘が始まると、その弱点はすぐに露呈した。

総崩れ、戦死七百人

白河城下は中央に稲荷山、西に立石《たていし》山、東に雷神《らいじん》山があり、同盟軍はこれらの山頂に砲台を築き防備を固めた。中央の稲荷山は仙台藩、立石山と雷神山は会津が守った。

薩長軍の参謀伊地知正治は五月一日、中央突破と見せかけて、早朝、左右から大砲による攻撃を開始した。

伊地知は綿密な敵情偵察を行っていた。前日、やみくもに進軍して痛い目に遭ったので、索敵を慎重に行い、作戦を立てた。白河城下の図面を作成し、会津、仙台軍の配置も調べ、それにそって兵を配置した。同盟軍は白河城に籠《こも》っていたので、包囲が容易だった。密偵の報告では同盟軍に危機意識が感じられず、緊迫感がないことも分かった。密偵がいともたやすく城下に侵入できたこと自体、同盟軍の危機管理の欠如を物語っていた。

伊地知は夜半、ひそかに城下に先鋒部隊を潜ませ、早朝、総攻撃をかける電撃作戦を採用した。同盟軍はそれさえつかめずにいた。

早朝、突然の攻撃に仙台と会津の参謀は気も動転した。中央の稲荷山の仙台藩砲兵陣地には、二十ドイム臼砲《きゅうほう》を使って砲撃を開始した。臼砲は山越えに砲撃する大砲である。

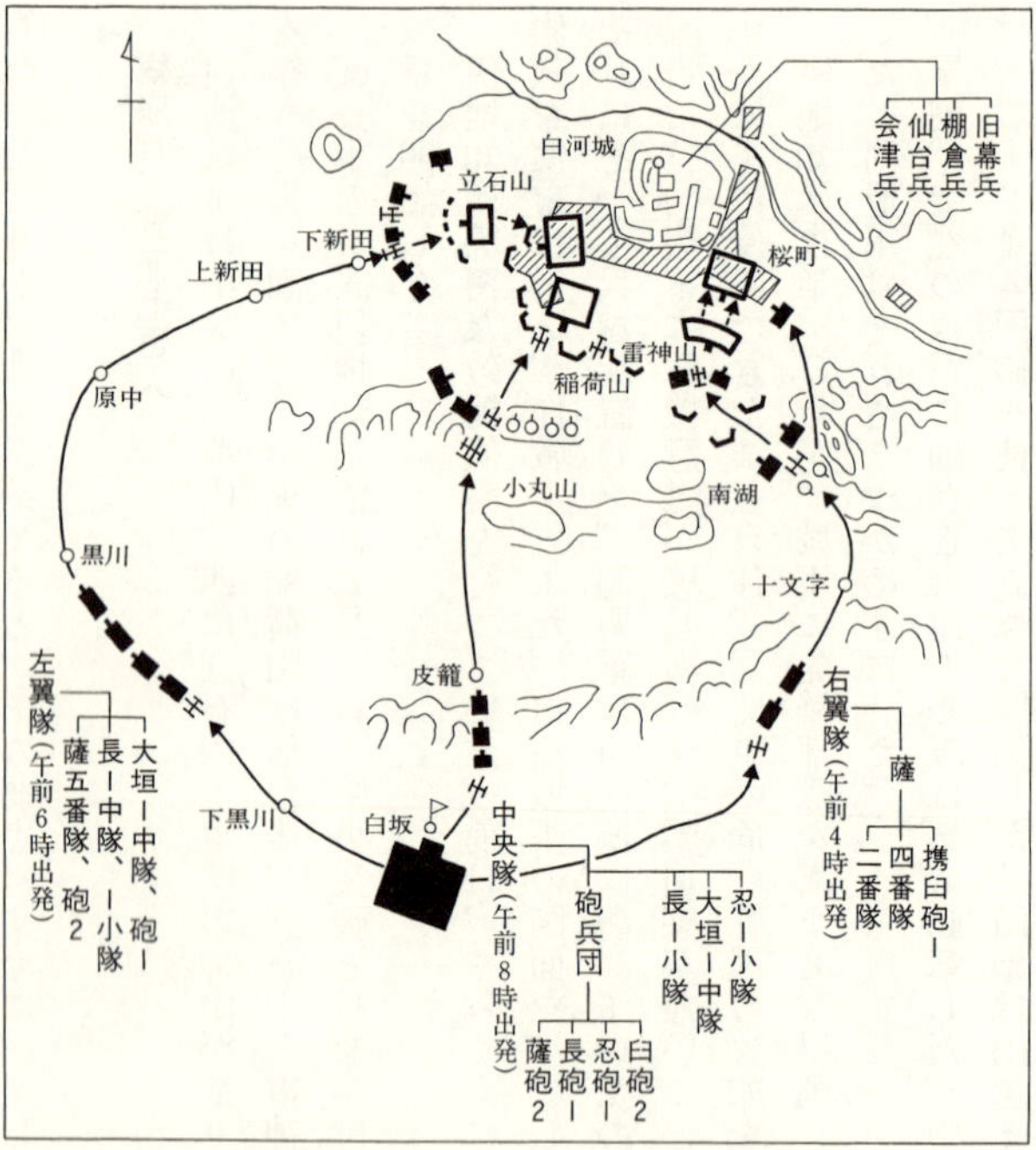

薩長軍の白河城包囲攻撃（5月1日）（『補訂戊辰役戦史』より）

稲荷山、立石山の砲台もたちまち集中砲火をあび、沈黙した。会津が守る雷神山にも敵の砲火が集中した。狙撃兵がいたるところに潜み、十字砲火を浴びせ、同盟軍は死体の山を築いた。敵は砲台を占領するや、大砲を運び上げ、白河城に砲撃を加えた。

仙台藩参謀坂本は混乱した。数人の従者を率いて阿武隈川を渡り、敵の背後を突こうとして、狙撃された。即死だった。会津の横山も正気を失った。占領された稲荷山を奪還せんとして真っ先に山に駈け登り、頂上から撃ち出される銃弾に倒れた。

従者が駈け登って横山の首をかき切り、やっとの思いで持ち帰った。

いったん崩れ出すと、事態を収拾することはできなかった。

「諸将校皆相前後して死し、その他、死傷はなはだ多し」

「総督西郷頼母馬を馳《は》せて叱咤《しった》衆を激励するも潰乱《かいらん》制すべからず」

『会津戊辰戦史』は悲痛な記録で埋めつくされている。

「火飛電激、山崩れ、地裂《やぶ》れ、我が兵弾丸尽き、刀折れ、三百余人死す、仙台、棚倉兵もまた多く死傷、城遂《つい》に陥落」

これは後年、白河の古戦場に建てられた会津藩の供養碑の一文である。

薩長軍の記録は、大勝利にわいた。

「この日、首級六百八十二なり」

「官軍の死傷約七十、敵は死屍六百余を残し、散乱退去」

などと大勝利をたたえた。戊辰戦争を通じてたった一日の戦闘でこれほど決定的に勝利を収めた戦いはなく、「花は白河」とうたわれた。同盟軍の敗因は、指揮官不在、武器の劣悪、油断であった。

白河では大勢の庶民が、この戦争を見つめ、記録していた。

【白河年貢町《ねんぐまち》石倉のサダ媼《おう》】

「五月一日、官軍は九番町、桜町方面から攻めてきた。会津さまは敗れてちまみれになって町に逃げ込む。町の人達は老を扶《たす》け、幼を負うて皆、横町から向寺《むかいでら》町を逃げたものだ。そのさまは大川の水が流れるようであった。うしろを振り向く暇などあったものではない。躓《つまず》くものなら倒れる。いまでも思いだすとゾッとする」

【西白河郡西郷《にしごう》村大字米《よね》の小針利七翁《おう》】

「戦争のときは十五歳だった。

当時米村は四十戸であった。皆、会津さまの宿をした。四百人からの屯所《とんしょ》であった。

私の家には十人泊まった。米村は皆、会津びいきで、なんとかして会津さまに勝たせたいと祈ったものだ。官軍は下新田《しもしんでん》の観音様付近に大砲二門をすえてドーン、ドーンとうった。会津さまは立石に陣をとった。いよいよ米村の会津さまが出発する。日向大将は陣羽織を着て、中山《なかやま》に官軍を邀撃《ようげき》せんとしたが、官軍に狙撃されて死し、ために会兵の士気衰え、米の南の田や堀を越えて、米部落に引き揚げた。この戦に会兵の一人が弾丸で腹を貫かれて死んだ。

仙台さまは堀川の西南、古天神を守っていたが、破られて金勝寺《きんしょうじ》に退いた。立石稲荷の前では会兵が十三人も討ち死にした。この日、生け捕りになった東軍（同盟軍）は翌日、斬られ、谷津田川《やんた》に捨てられた」

日向大将とは朱雀一番足軽隊中隊頭日向茂太郎と思われるが、同盟軍は緒戦で大きくつまずいた。若手のリーダー山川大蔵は日光口、佐川官兵衛《かんべえ》は越後口におり、当初から人材が不足していたが、結果論からいえば、山川を呼んで配置するとか、大鳥圭介や土方歳三を抜擢するなど大胆な作戦を取るべきであった。

白河の戦闘には、米沢、庄内、南部、松前《まつまえ》、秋田など同盟各藩からも人が来ていた。惨敗はこれらの人々に失望を与えた。

四　平潟の海

輪王寺宮上陸

会津藩に小野《おの》権之丞《ごんのじょう》という公用人がいた。会津藩の外交を司《つかさど》る役職である。この人は箱館戦争のとき、榎本軍の医師高松凌雲《りょううん》を助けて箱館病院を開き、患者を敵味方問わずに治療し、日本最初の博愛人道主義の医療に尽力した人物として知られる。

小野は文政《ぶんせい》元年（一八一八）四月生まれなので、このとき五十一になっていた。文久二年（一八六二）、主君松平容保とともに京都に赴任し、公用人として幕府、諸藩、公家の間を奔走し、重厚な人柄で信頼を集めた。榎本武揚《えのもとたけあき》がその能力を評価し、病院長に抜擢した。

小野は奥羽、越後にも天皇が必要だと考えた。これは小野個人の考えではなく、薩長に対抗するための一つの戦略として、多くの人が抱いた構想だった。その人物とは上野寛永寺の輪王寺宮公現法親王《りんのうじのみやこうげんほっしんのう》（のち北白川宮能久《よしひさ》親王）だった。輪王寺宮は伏見宮邦家《ふしみのみやくにいえ》親王の第九子である。明治天皇の祖父、仁孝《にんこう》天皇の猶子《ゆうし》として、勅命により江戸に下向し、輪王寺宮として上野寛永寺に入っていた。まだ二十二歳の若者であった。

徳川慶喜は鳥羽伏見の戦いに敗れ、江戸に引き上げるや、朝廷への救解《きゅうかい》（弁護して罪を救う）を輪王寺宮にすがり、輪王寺宮は駿府まで出向き、有栖川宮に救解の請願を行ったが、体よくあしらわれた。会津藩にも深く同情し、密使を会津に派遣し、松平容保の苦衷を慰めた。

輪王寺宮は駿府での扱いで、薩長に不快感を抱いた。

五月に入って西郷隆盛が上野の山に籠る彰義隊の攻撃を決めたとき、輪王寺宮は僧侶の服装で上野の山を脱出、小舟で羽田《はねだ》沖に浮かぶ榎本艦隊の軍艦長鯨丸《ちょうげいまる》に逃れた。このとき一緒に乗り込んだのが小野権之丞だった。

平潟港

輪王寺宮を乗せた軍艦長鯨丸は、五月二十八日、常陸国多《た》賀《が》郡平潟《ひらかた》の港に入った。現在の北茨城市の平潟港である。賊軍の汚名をかぶせられた奥羽の諸藩は、宮を迎えて狂喜乱舞した。

白河で敗れ、意気消沈していた奥羽にとって、輪王寺宮は救世主に思えた。白河で大きく傷ついた会津藩にとっても、これは名誉挽回の絶好の機会だった。

泉《いずみ》藩主本多《ほんだ》忠紀《ただとし》、湯《ゆ》長谷《ながや》藩主内藤政養《まさやす》、前磐城平《いわきたいら》藩主安藤《あんどう》信正《のぶまさ》らが各地で出迎え、安藤家からは七百両、飯野《いいの》八幡宮からは二百両が宮に献金された。

宮は磐城平から会津若松に向かった。三春《みはる》（田村郡三春町）を経て本宮に入ると仙台藩の片平大丞率いる一小隊が出迎え、そこには二本松藩主丹羽長国《ながくに》、福島藩主板倉勝尚《いたくらかつひさ》らの顔もあった。本宮から会津若松への関門、中山峠を越えると、そこはもう歓迎の嵐だった。会津に来ていた旧幕府老中首座の板倉勝静《かつきよ》、老中の小笠原長行《おがさわらながみち》、米沢藩主上杉斉憲《なりのり》らが出迎えた。この日は猪苗代城に一泊、輪王寺宮は六月六日に会津若松の鶴ヶ城に入った。松平容保は城内の金の間に宮を迎え、歓喜の涙を流した。

松平容保は孝明天皇と義兄弟の関係になる輪王寺宮を迎えた意味を、誰よりも深く感じていた。幕末、天皇家は右に左に大きく揺さぶられた。多くの公家が長州に与《くみ》し、禁門《きんもん》の変（元治元年）では、孝明天皇を拉致《らち》しようとする集団が宮中に潜入し、あわやという場面すらあった。のちの明治天皇が恐怖のあまり引きつけを起こしたのもこのときだった。そのとき御所を守った松平容保を孝明天皇はもっとも厚く信頼した。

薩長が幼い明治天皇を担ぎ上げ、自らを官軍と名乗ったが、会津の参謀たちにいわせれば、それは幼帝を雲上人《うんじょうびと》に仕立て上げ、自分勝手な政治を行っているにすぎないものだった。孝明天皇の信頼を得た会津こそ正義であるという思いがあり、孝明天皇に近い輪王寺宮は、東日本国家の象徴にふさわしい方だと考えた。

輪王寺宮は六月十八日まで会津若松に滞在し、米沢を経て七月二日、仙台城下仙岳院《せんがく》へ入った。この日、仙台藩主父子は中田《なかだ》駅まで出迎えた。

平潟より敵上陸

輪王寺宮を仙台まで案内し、ほっと一息ついた小野権之丞の耳に、衝撃的な知らせが飛び込んだ。小野は次のように日記に記している。

「七月五日、平潟より敵上陸、勿来《なこそ》開戦不利の報告あり。憂うべき大事件に候えば、仙台藩要路《ようろ》者《しゃ》ども恐怖ことに甚だし」(『小野権之丞日記』)

仙台藩首脳の動揺を見て、小野は前途に不安を覚えた。

平潟の海の防備は仙台藩の担当だった。しかし、これも新潟と同じように、列藩同盟に海軍力がないために、いともたやすく敵の上陸を許した。

江戸・品川から来襲した薩長の軍艦は三隻で、悠々と平潟に入り、薩摩藩参謀木梨《きなし》准一郎《じゆんいちろう》率いる約八百人の兵が上陸、一部は棚倉に向かった。白河城の応援部隊である。

仙台の佐藤宮内の大隊と会津の小森一貫斎、木村兵庫、土屋鉄之助らが棚倉に急行したが、敵の銃撃の前に敗退を余儀なくされ、阻止できなかった。

棚倉落城(六月二十四日)を知るや矢吹《やぶき》(西白河郡矢吹町)に陣を張る仙台藩水沢《みずさわ》(岩手県

水沢市）の軍勢が、「かくなる上は官軍と手を結び、会津攻撃に向かうべし、さもなくば仙台国境に引き上げるべし」と反旗を翻した。

奥羽越列藩同盟は、必ずしも鉄の意思で結束してはいなかった。勝てば結束は固まるが、負ければ櫛《くし》の歯が抜け落ちるように、分裂していった。これは最初の分裂のきざしだった。

会津藩がひき続き求心力を保ち続けるためには、戦闘に勝つしかなかった。輪王寺宮の入来も会津が勝たなければ、その効力はなかった。

それでも仙台藩は急遽、汽船で増援部隊を送り、相馬《そうま》藩も参戦したが、勢いは薩長にあり、二十八日、泉城、二十九日、湯長谷城が落ち、七月一日には、磐城平城に敵が迫った。

磐城平城は大老井伊直弼《いいなおすけ》亡きあと、幕閣を担った安藤信正の居城であった。

信正は下総関宿《せきやど》藩主久世《くぜ》大和守《やまとのかみ》広周《ひろちか》と久世・安藤政権を組織、外交交渉にあたったが、文久二年正月、坂下門外で水戸浪士らに襲撃されて負傷して失脚、磐城平城に戻っていた。

十二日までは一進一退だったが、十三日、薩長軍の総攻撃が始まり、磐城平城に危機が迫った。霧が晴れると、城下に敵が満ちあふれていた。やがて風がまき起り、雷鳴が轟くなかで壮絶な攻防戦が始まった。城を守る磐城平藩の軍事総長上坂助太夫《こうさかすけだゆう》は薙刀《なぎなた》をふるって裏門から進撃し、一時は敵を追い出したが、期待の米沢藩の援軍もなく、城内の兵は次々に死傷し、やがて城内から声が消えた。

糧食はあと四、五日、砲弾は二十余発、小銃弾は二千発しかない。

相馬藩の隊長相馬将監《しょうげん》が「この城の一敗をもって落胆すべきにあらず。相馬国境の要所によって再度、決戦を挑もう」といい、一同、これに従い、上坂が城に火を放って追手門から外に逃れ、敵の追撃を振り切って赤井嶽《あかいだけ》（閼伽井嶽《あかいだけ》）に登った。

慶長七年（一六〇二）に家康の家臣鳥居忠政《とりいただまさ》が築城して二百六十余年、歴史を誇る磐城平城は黒煙をあげて焼失した。

戦場となった周辺の村々に、当時の狼狽《ろうばい》と混乱ぶりが記録されている。

浜街道から離れた川内村《かわうち》（双葉《ふたば》郡川内村）でも民百姓が集まり、どうすべきか、迷いの日々が続いた。村には磐城平応援の相馬藩兵百人ほどが泊まっていた。刻々伝わる戦況は、同盟軍に分が悪いものばかりだった。猟師や人足が毎日、狩り出され、やがて磐城平の方角から大砲の撃ち合う音が聞こえた。

磐城平城が落ちると磐城平、相馬、仙台兵に加えて旧幕府の純義隊など五百人ほどが、川内に逃れてきた。このなかには安藤信正の姿もあった。

この夜はお盆の最中で、あちこちで松明《たいまつ》を燃やしていた。それを敵の篝火《かがりび》と勘違いして、鉄砲を撃ち掛ける者もいて、混乱に拍車をかけた。敗残兵のなかには質《たち》の悪いものも混じっていて、酒を飲んで暴れ、婦女子は山中に逃げた。しばらくすると何百という怪我人が駕籠に乗せられて運ばれてきた。

それを追って薩長軍が村に迫ってきた。同盟軍の兵士は我さきに浪江《なみえ》方面に逃げた。逃げるさい、相馬藩は費用を払ってくれた。村人たちは、恐れをなして皆、山中に隠れた。

幸い村に立ち寄った薩長軍は、ごくわずかで、大半は隣の富岡《とみおか》に向かい、そこに陣を張った。

そこの長州藩本陣から川内村の庄屋に「村方百姓残らず陣所まで集合せよ」との通達があった。村役人がおそるおそる出頭すると、村から毎日三十人の人足を出すよう求められた。手当も支給するというので、村人は交替で薩長軍のために働いた。

驚いたのは食事だった。握り飯を竹の皮につつみ、箸もそえて梅干しをいれて人足に渡した。

「これでは、わが方は負けるはずだ」

村人は物量の差に啞然《あぜん》とした。『川内村史』は、こうした話を克明に記録している。

七月二十二日には、仙台追討総督に任ぜられた四条隆謌《しじようたかうた》率いる筑前《ちくぜん》（福岡県）、芸州《げいしゆう》（安芸《あき》、広島県）、長門《ながと》（山口県）、久留米などの兵数百が小名浜《おなはま》港（いわき市）に到着し、戦争はやがて相馬に近い浪江に移った。

浪江の庶民が語った「戊辰戦争余話」(『浪江町史』)に戦闘の模様が語り継がれている。この史料は表現に幾分か誇張があるようにも思うが、臨場感は抜群である。

浪江の百姓治兵衛は三十代の半ば、体格がよく、草相撲の大関だった。治兵衛は相馬藩の馬掛かりとして各地を転戦した。七月二十九日、浪江で戦が始まった。

この日は大雨だった。

仙台藩、相馬藩は火縄銃だったので、火縄の火が消えて発火しない。ところが薩長軍は川の水につかって撃ってくる。大砲の弾もどんどん飛んでくる。そうなると、侍もだらしがないもので、我さきに逃げ出す始末で、治兵衛はあきれ返って、家に逃げ帰った。家に帰ると誰もいない。皆、山に逃げたという。山に入って妻と息子、娘を探しあて、家に戻った。家は薩長の奴らにさんざん荒らされていた。

そこへ敵兵がやってくるのが見えた。

「敵軍だッ」

と妻が叫び、子供の手を引いて、咄嗟《とっさ》に前の畑に隠れた。そこに藪蚊《やぶか》がいて、子供たちを刺した。

「おっかあ、かゆい、かゆい」

と息子が騒いだので、見つかってしまった。

「百姓には構わねえから、出てこい」

と兵士がいった。

「相馬は降参した。あとは仙台だ」

と兵士がいい、

「お前、いい体格をしてるな、手伝え」

というので、治兵衛は薩長軍の駄馬引きとなって仙台国境に出かけた。

山に隠れた村人は薩長軍のいうことは信用せず、「相馬が負けるはずはねえ」と最後まで薩長軍の辻札《つじふだ》を信用しなかった。

戦場となったところは、どこも悲喜こもごもだった。

犬猿の仲

仙台藩と相馬藩は、もともと犬猿《けんえん》の仲だった。

政宗の時代、仙台と相馬は日々、戦争に明け暮れた。以来、相互に不信感があり、この戦争でも仙台は相馬に疑いの目を向けていた。相馬の親戚である秋田佐竹氏が列藩同盟を裏切り、仙台藩の正使を斬殺する理不尽な行為に出ており、仙台人は相馬人を嫌っていた。

相馬が参戦した発端は会津藩からの申し入れだった。三百人の加勢か三千両の借金を申し受けたいと使者が訪れた。そこには有無をいわせぬ強引さがあった。仙台からも強く催促され結局、参戦した。戦国時代と違って相馬の武家は、約四百五十戸に減っていた。人数にすれば数百人ほどである。大半が鉄砲など撃ったこともなく、戦争には向いてはいなかった。そこで身分は武士だが、領内で百姓を営んでいる在郷給人が集められた。その数は千六百人ほどだった。

さらに足軽や猟師、一般の百姓のなかから身体壮健な者九百人ほどを選び、遊撃隊を編制し、領内あげての戦時体制を組んだ。ただし訓練する時間がなく、泥縄式の印象は免れなかった。

相馬には港があるので、外国の武器商人が来て、鉄砲の販売も行った。前金だというので藩の財政方が九千両を渡したが、鉄砲は届かなかった。

この売買にはスネル兄弟が関係していたようで、新潟で敵軍に分捕られてしまったと、後で相馬藩に連絡があった。

相馬藩首脳はもはや薩長軍には勝てないと判断し、八月四日には、家老の佐藤勘兵衛《かんべえ》が浪江で薩長軍参謀の河田佐久馬《さくま》と会い、これまでのいきさつを述べて謝罪した。

無条件降伏である。

薩長新政府の首脳にとって第一の敵は会津である。次が仙台、米沢である。相馬藩など目くじらを立てるほどの存在ではなかった。相馬藩にとって次の問題は、相馬に大勢の軍勢を駐留させている仙台藩の扱いだった。

相馬の動きが怪しいことは、誰の目にも明らかだった。一向に戦おうとしないからである。仙台藩は念のために相馬藩主を拘束して、仙台に移そうとした。人質作戦である。

お互い間者《かんじゃ》が入り乱れているので、仙台の動きは相馬藩が察知するところとなり、相馬藩は拘束の前夜、ひそかに藩公を相馬中村城から脱出させ、仙台を出し抜いた。

こうしておいて相馬藩は領内に薩長兵を入れてしまった。仙台兵は地団太踏んで悔やしがったが後の祭、全軍、国境に退かざるを得なかった。

相馬藩兵は一転、薩長軍先鋒となり仙台国境に出陣した。

ところが相馬の決断も誤算だらけだった。

城下が戦場になるのは免れたのだから、城下はそのまま残ったが、薩長軍のあまりにもきつい要求に相馬藩首脳は愕然とした。

進駐した軍勢は約二千人である。長州、筑前、大和《やまと》（奈良県）郡山《こおりやま》、芸州、久留米、熊本、鳥取、各地の兵隊が町の寺院や商家に所狭しと進駐した。その経費はすべて相馬負担である。また仙台国境での戦闘のために、人足十五万人、馬七万頭の動員命令が下った。

五千人が毎日食べる米、味噌、醬油、塩、野菜が大量に集められ、布団、衣類など日用雑貨もことごとく供出させられた。馬の飼料として畑の野菜も皆、奪われた。商人は全財産を没収され、海辺の船も、輸送船として没収された。

給仕役として領内の後家《ごけ》が集められ、近郷近在の遊女も動員され、兵士にあてがわれた。

それが二か月間も続き、相馬藩は極貧の状態に追い込まれた。相馬藩はすべてを略奪され、明治以降、ひどく衰退する。

家老の佐藤勘兵衛は、相馬藩は崩壊すると危惧した。こうなったら仙台藩に戦争を止めてもらうしかないと考え、仙台藩に密使を送り、戦争中止を泣きついた。

仙台も負け戦にはうんざりで、このころから恭順派が台頭していた。

仙台は会津に同情して列藩同盟を結成し盟主になっていた。しかし相馬が同盟を離脱して降伏、敵が国境に迫るにつれて、主戦派は苦しい立場に追い込まれた。

仙台の恭順も時間の問題となった。

かくて会津藩は孤立無援の状態に追い込まれた。

これを見て西郷隆盛、大久保利通、木戸孝允ら薩長新政府首脳は、列藩同盟の牙城、会津鶴ヶ城の総攻撃に焦点を合わせた。

会津攻撃の機は熟したと見たのである。

五　母成峠破られる

仙台藩兵撤兵

薩長新政府の軍事参謀大村益次郎の作戦は、枝葉を刈って根本を枯らすというものだった。日光、今市、宇都宮を制し、白河を占領し、漸次、仙台、米沢に兵を進める。一方、海路、平潟に兵を送り、磐城平、相馬を攻め、仙台に兵を送る。合わせて別働隊を棚倉に送り、さらに三春、二本松を攻める。越後は海陸から北越に兵を出し、長岡を占領し、新潟港を奪い、阿賀野川ぞいに会津に侵攻する、というものだった。

白河奪還のために仙台藩兵が矢吹や須賀川《すかがわ》に駐留しているときは、できない相談だったが、相馬が降伏の動きを見せ、仙台勢の一部に兵を引き上げる動きが出たことで、一気に会津攻撃が現実のものになってきた。

六月一日、宇都宮から白河に入った土佐藩参謀板垣退助は、三春が降伏の動きを見せたことで好機到来と判断した。板垣は大総督府参謀でもあった。

「会津は根本なり、仙台、米沢は枝葉なり、早く根本を絶てば、枝葉は落ちる」

と板垣は考えた。会津軍は国境に兵を出し、城下が手薄になっていたことも有利な要因だった。会津は冬も早く、一か月も過ぎれば初雪が降る。そうなれば攻撃は困難になる。板垣の判断は的を射ていた。薩摩藩参謀の伊地知正治もこれに同意した。

これに対して会津藩は、敵の動きを、どのように分析していたか。

このころ、戦況が目まぐるしく変わっていた。

三春藩が突如、裏切り、背後から仙台兵を射撃する事件が起こり、仙台藩は二十数人の死傷者を出した。三春藩の行為に仙台烏《からす》組の細谷十太夫が怒り、兵を率いて三春に向かい、重臣に詰問した。逆心はないといいつくろったが、それは偽りで、またも何人かの仙台兵が狙撃され、戦場は疑心暗鬼《ぎしんあんき》に包まれた。

会津藩にもその情報はもたらされたが、兵に余裕はなく、どうすることもできなかった。

七月二十九日、三春藩は薩長軍先鋒となり、二本松に攻め込んだ。二本松城が敵の手に落ちれば、須賀川周辺に駐屯していた仙台藩兵は前後に敵を受けることになる。仙台に帰れなくなると藩兵に動揺が起こり、戦場からの離脱が始まった。

仙台は列藩同盟の盟主である。本来、二本松に敵が迫れば、応援に向かわなければならないのに、盟主が最初に逃げ出した。

列藩同盟の瓦解《がかい》である。二本松は孤立無援の戦いになり、少年兵まで動員して戦ったが、三春兵を先頭にして突進する敵の攻撃を防ぐ術《すべ》はなく、丹羽《にわ》一学《いちがく》ら重臣は城主丹羽長国を米沢に逃れさせたあと、城に火を放ち自刃して果てた。壮絶な最期であった。

細谷十太夫はこの日、安達太良《あだたら》山麓の岳下《だけした》で、二本松城が燃え落ちる光景を遠望した。

岳下は二本松から逃れてきた老若男女であふれ、その姿は見るに忍びない悲惨なものだった。飢えや病に泣く者、幼児の手を携えて走る女、若い者の肩によりかかり、喘《あえ》ぎ喘ぎ涙を流す老人、昨夜分娩したという若い女が、ほとんど生気もなく、とぼとぼ歩いてくるのにも出会った。

十太夫も空腹に耐え兼ね、畑の西瓜《すいか》を採り、食いながら歩いた。夕飯代わりにと、もう一個、大きな西瓜をもぎ採り、槍に刺して歩いていると、裸足《はだし》の子供がフラフラになって歩いてきた。

聞けば昨夜から、なにも口にしていないという。かわいそうにと西瓜をやると皮まで食い尽くした。数千の兵を有する仙台藩が、こうして逃亡することは、盟主としてあるまじきことだと、十太夫も憤慨した。

会津藩も二本松の落城は衝撃だったが、それ以上に仙台藩の戦線離脱は重大な問題だった。

大鳥圭介が仙台藩兵の引き上げを目撃していた。大鳥は山川大蔵と日光口を死守していたが武器弾薬の補給と兵の交替要員を求めて藤原を発ち、田島に二泊して、本郷村まで行くと、城下から小森数馬が馬を飛ばしてきて、白河の形成が悪く、磐城平も落ち、薩長軍が迫ってきたので、石筵口《いしむしろ》（郡山市）の守備に当たってほしいと伝えた。大鳥は鶴ヶ城で城主松平容保に会い、とりあえず猪苗代に本陣を設けることにした。

仙台藩兵の多くは、猪苗代から米沢に向かい、米沢経由で仙台に逃れていった。

「本道より帰れば道も近いのに、敵軍が迫ったと聞いて恐怖し、四、五千の兵が間道を潜行するとは、名にしおう仙台兵の所業か」

と大鳥は落胆した。

これは会津にとって死活問題だった。仙台兵が奥州街道を確保していたので、会津国境は安全に保たれていたのである。そのタガがはずれたのだ。

会津国境の石筵口の陣屋にいた会津藩士の和田八兵衛と北原半助《はんすけ》（雅長《まさなが》）も愕然たる思いで、この光景を見つめていた。

北原はたまらず仙台兵に詰問した。

「貴藩は大兵を率い、なぜ速やかに二本松城を回復しないのか。我が藩は鳥羽伏見以来、兵力を損耗し、二本松を助ける余裕がない。まことに残念だ」

というと仙台藩の隊長日野徳次郎は「我ら弾薬が欠乏し、いかんともしがたい」といった。武器弾薬の欠乏もあろうが、それ以上に戦意の喪失があった。尾を引いたのは白河の惨敗だった。その後、いくら戦っても白河を回復できず、海路平潟に上陸した新たな敵兵の一部が棚倉を落とし、三春藩が降伏するに及んで、仙台藩兵は戦う意欲を失った。かくて本宮が奪われ、二本松も落ち、会津も危機に立った。

北原は無念の思いで唇を噛んだ。

北原の兄は鳥羽伏見の惨敗と主君容保の逃亡の責任を負い、自刃した神保修理であった。

北原は後に『七年史』（一九〇四年）を書き、幕末の会津藩の悲劇を後世に残し、また初代長崎市長として活躍した。

「阿部茂兵衛戦争実見録」

この時期、奥州街道筋の商人や農民は、会津藩をどう見ていたのか。

このことは、従来あまり検討されなかったが、会津敗戦の伏線がここにあった。

薩長軍が白河を破り、須賀川に進駐し、三春が降伏し、二本松も落城したとき、周辺の住民は、いかに対処すべきか、右往左往の毎日だった。

薩長新政府は日に日に軍備を強化し、八月上旬には白河―二本松間を完全に手中に収めた。目標は会津攻撃である。このため白河口総督を鷲尾隆聚《わしのおたかつむ》から大総督府参謀正親町公董《おおぎまちきんただ》に替え、郡山周辺に二千から三千の兵を集中させた。しかし、白河国境には会津軍が兵を出し、尾張、近江《おうみ》（滋賀県）彦根《ひこね》、土佐三藩が依然、白河の警備に当たっていたため、緊張状態のなかでの会津攻撃準備だった。

会津軍としては、薩長軍の動きを的確につかみ、手薄になった白河城に攻め入る策もあったが、なぜか実行には至らなかった。

会津国境の入り口になる郡山宿は、いまや薩長軍の中継基地であった。薩長政府軍諸隊の兵隊が続々と宿場や周辺の民家に入り込み、村々から人夫を徴発し、食糧を求めた。

会津攻撃にあたって、周辺の村々から大量の馬と大勢の人夫を徴発し、商人や地主からは軍資金を徴発した。街道筋に会津藩のシンパがいれば、その情報はたちどころに入るはずだった。しかし、人々は会津軍に通報せず、両手《もろて》をあげて薩長軍を歓迎し、徴発に応じた。

商人たちは征服者を「官軍さま」と呼び、会津兵のことは「会賊」と呼び捨てにした。

奥州街道と会津街道の分岐点（郡山市）

この背景には、この界隈《かいわい》における会津藩の極端な信用の低下があった。

阿部茂兵衛《もへえ》は郡山宿の富商で、地域のまとめ役だった。茂兵衛の日記（「阿部茂兵衛戦争実見録」『戊辰戦争会津東辺史料』所収）にそのことが記されている。

七月二十六日、三春降伏、官軍三春城に乗

り入れる。その夜、すぐさま本宮に押し出し、通行が困難になる。七月二十七日、大戦。二十八日、弾薬、兵糧《ひょうろう》、鉄砲、着類に至るまで途中へ投げ捨て仙台勢早くも退走、右往左往に散乱。

七月二十九日、朝、官軍二本松へ押し寄せ、大戦、一時《いっとき》を待たずに落城。丹羽長国公米沢へ落行、家中、会津、米沢、仙台に分かれて落行。官軍城下に入り城中、家中残らず焼き払う。家財衣類分捕りになり、憐れむべし。

須賀川へ会津藩押し来たり放火、火の出天をこがし恐ろしき有様なり。

八月一日、早朝、蔵前に小前《こまえ》の者、三、四百人集まり、勝手に米を持ち出した。酒屋からは酒をもらい、味噌・醬油を無心し、質屋に返済の引き延ばしを嘆願した。佐藤伝兵衛宅にも討ち入り、土蔵まで壊した。官軍に警備を願うしかなく薩摩藩、長州藩、土佐藩にも嘆願したが、人数が足りず、大事の前の小事と取り上げてもらえなかった。

この日記に、注目されることが二つある。

一つは会津藩の詰問に対して仙台藩の隊長が、武器弾薬の欠如を引き上げの理由にあげたが、武器弾薬を放棄して逃亡した仙台兵がいたという事実である。会津軍に渡す余裕もなく、着の身着のままで逃げていたのである。もう一つは会津藩兵が郡山にとどまらず須賀川まで攻め込み、放火作戦に及んだことである。会津兵は嫌われる存在になっていた。

会津兵の放火に関連して、郡山では小前百姓の暴動が起こった。小前百姓とは低所得の農民のことで、彼らは郡山の町に殺到し商家の土蔵を打ちこわし、質店から質品の取り戻し、村役人を襲うなどの行動に出たのである。

これらは従来の戦記からは、うかがい知れない側面だった。困窮した商人たちは薩長軍に助けを求め、暴動を避けようとしたが、夜になると薩長軍は会津兵の夜襲を恐れて町を離れたので、町は無防備状態で連夜、あちこちで騒乱状態が続いた。

商人たちは土蔵の前に「薩州二本松本営分取」と大書し、町兵が竹槍を持って警備に当たったが、効果はなかった。

八月七日には会津兵の大襲撃があり、町の中心部約五百戸、千七百棟が焼け落ち、郡山本陣の今泉久右衛門宅も焼失し、目も当てられぬ惨状だった。

この火事騒ぎで町衆が会津兵とみられる男を捕らえ断罪に処し、その首を青竹の先にさげ、善導寺《ぜんどうじ》入り口の道ばたに三日間掲げた。

やがて農民たちは仙台藩が放置した鉄砲、弾薬で武装するようになり、数百人が徒党を組んで押し寄せたので、薩長軍の張り札もまったく効き目はなく、質品はことごとく略奪された。その混乱をしりめに会津兵は、しばしば郡山を攻撃し、あちこちに火を放ち、薩長軍に圧力をかけた。

会津藩が、これらの小前百姓を自分の陣営に取り込んでいれば、戦況は変わっていたはずだった。会津藩は、奥会津の田島地区や日光口を除いて農民対策に遅れが目立ち、農民の不満を自分たちのほうに吸収できず、郡山では完全に敵に回してしまった。

逆に薩長軍は郡山周辺の有力者や農民を支配下におき、会津侵攻作戦を立案することになる。

会津への道

二本松の落城と仙台兵の撤退で、薩長軍の会津侵攻は現実のものになった。

奥州街道から会津に入る道は、大別すると次の七か所があった。
一、大平口《おおだいらぐち》　白河から羽鳥《はとり》（岩瀬郡天栄村《てんえいむら》）、湯本を経て、下郷《しもごう》（南会津郡下郷町）に連絡し、会津若松に入る。
二、勢至堂口《せいしどうぐち》　須賀川から長沼経由で会津若松に入る。
三、中山口《なかやまぐち》　郡山、本宮から熱海《あたみ》を経て中山峠（楊枝峠《ようじとうげ》）を越え、楊枝村に出て、猪苗代湖北岸にまわり、十六橋《じゅうろくきょう》、戸ノ口を経て会津若松に入る。
四、中地口《なかじぐち》　三つの道があった。一つは郡山から三森峠《さんもりとうげ》を越えて中地村（郡山市湖南町）

に出る。二つは郡山から諏訪《すわ》峠を越えて中地村に出る。三つは白河から長沼を経て勢至堂峠を越えて中地村に出る。この道は須賀川からも長沼経由で行けた。中地は交通の要衝で、ここからは猪苗代湖の南岸に出て、福良《ふくら》、赤井《あかい》村を経て会津若松に入るのが通常のコースだが、北岸に出て猪苗代（耶麻《やま》郡猪苗代町）経由で会津若松に向かうこともできた。

五、御霊櫃《ごれいびつ》口　郡山から御霊櫃峠を越え、猪苗代湖東岸の浜路《はまじ》に出る間道で、中山口にも

（上）現在の勢至堂峠
（下）現在の中山峠

中地の集落

連絡する。

六、石筵口　二本松、本宮から熱海、石筵を経て、母成峠（保成峠）を越え、猪苗代に入る間道。

七、土湯《つちゆ》口　福島から土湯峠を経て猪苗代に入り、会津若松に入る。

これらのどの道から会津若松に侵攻するか、会津藩と薩長軍との間に密偵が入り乱れ、情報戦が行われた。

薩長軍の意見は真っ二つに割れた。

土佐藩参謀板垣退助は「会津に入る道は皆、峻嶮《しゅんけん》である。母成峠と中山峠は防衛線を突破しても、磐梯《ばんだい》山麓に亀ヶ城（猪苗代城）があり、ここで阻止される危険がある。仮に亀ヶ城を破っても日橋《にっぱし》川を守れば、たやすくは会津若松には入れない。そこで土湯峠、母成峠、中山峠の三口から攻撃するといい触らし、主力部隊を御霊櫃峠に向かわせ、勢至堂峠を背面から襲い、中地口を攻撃して猪苗代湖の南岸を経て会津若松に進撃する」と主張した。

中地口は陣将内藤介《すけ》右衛《え》門《もん》が守っており、勢至堂峠、御霊櫃峠とも会津軍は十分な防備を敷いていた。

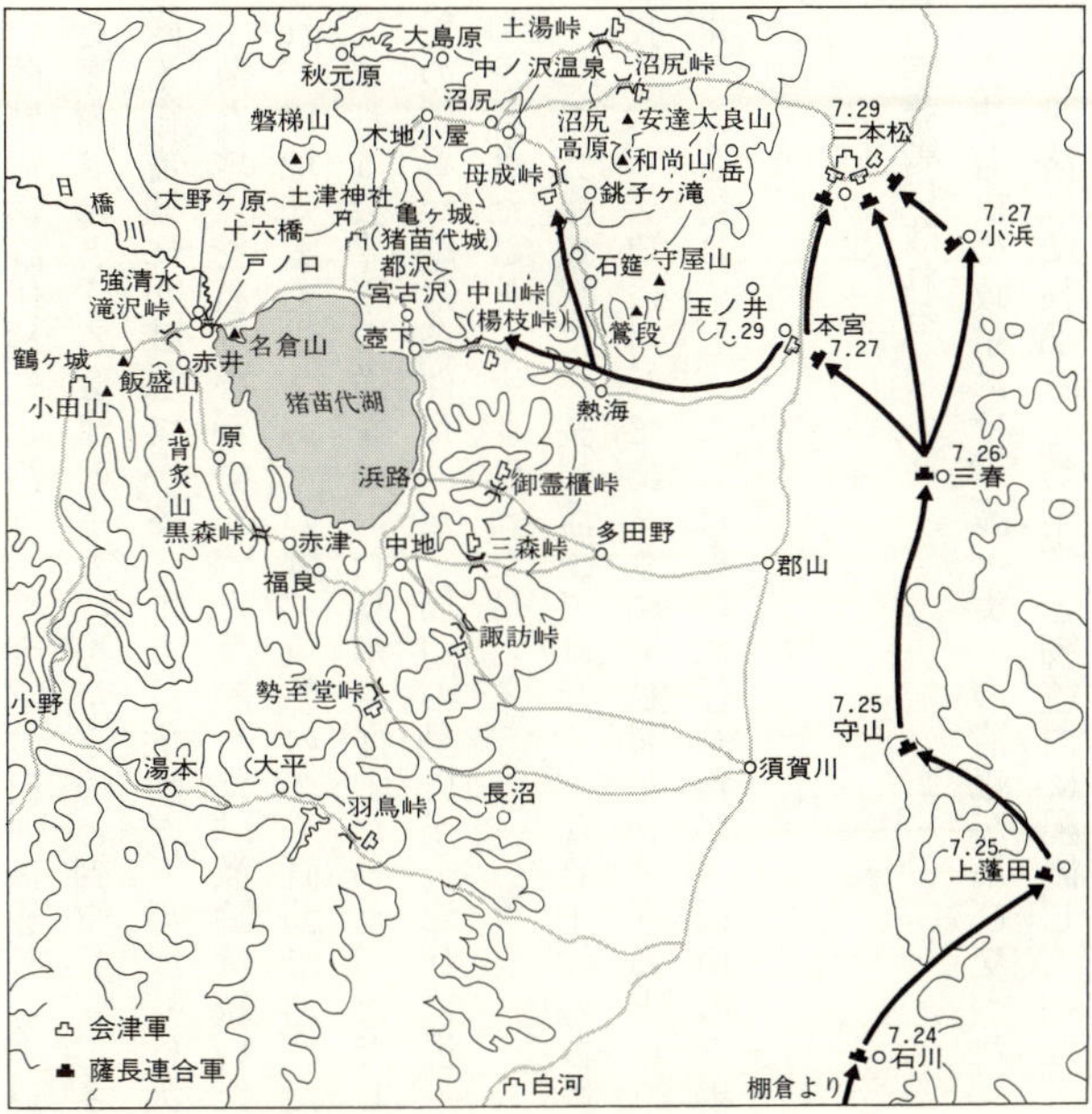

会津軍の東部国境守備および薩長軍進路
(『戊辰戦役母成峠建設記念誌』を改変)

薩摩藩参謀伊地知正治は「勢至堂は白河に通じる本道である。会津軍の防備は固い。白河を奪還せんとする会津の主力は勢至堂峠と御霊櫃峠、さらには中地口に集中している。砲兵隊も御霊櫃に布陣している。ここは危険だ。母成峠は天嶮を頼んで、守備兵が少ない。この手薄な地点を狙うのがよい」と反論した。激論は続いたが、最終的に板垣の正攻法は退けられ、伊地知案で決まったのは、攻撃のごく直前であった。

これは会津軍の逆をついた見事な作戦だった。ただし母成峠は、嶮岨《けんそ》な難路であり、地元民の誘導が絶対条件だった。周辺の農民が会津兵に恨みを抱いており、積極的に協力する姿勢を見せたことも大きかった。

この会津攻撃に、長州藩士ではなく、なぜ土佐の板垣が参謀に起用されたのかについては、長州は、会津に対してあまりにも私怨《しえん》が強すぎるという西郷の配慮があったためといわれる。木戸も説得に応じ、ここは板垣に任せたが、板垣の立場はあくまで長州の代理人ということであった。

情報戦に敗れる

会津若松の攻撃には、虚々実々の情報が飛び交った。

会津藩は精強部隊を勢至堂と御霊櫃に配置していた。これはどうしても白河を奪還したいという意思の表れであり、仙台藩兵が矢吹や須賀川に進駐している限り、すぐ連動作戦をとるには、この位置がもっともいいポジションだった。

中地口には家老内藤介右衛門が率いる朱雀寄合組中隊、青龍一番士中隊、同一番足軽隊、玄武足軽隊、勇義隊、義集隊、会義隊など数百の精強部隊がいた。猪苗代湖を望む御霊櫃峠には会津藩最強の砲兵隊がいた。

二本松が落城しなければ、最善の防衛態勢だった。しかし、二本松の落城で情勢は大きく変わった。仙台藩兵の撤退で、白河奪還は望めなくなったのである。しかも敵の主力は二本松に集中している。会津軍は主力を中山口に移動させ、母成峠も一段と強化すべきだったが、これまでの態勢を頑固に変えようとはしなかった。

ただ二本松に先制攻撃をかける作戦があり、一部の兵が動いていた。その意味ではまったく手をこまぬいていたわけではなかったが、会津軍の索敵は不十分で、敵の動向を十分に把握していなかった。せめて砲兵隊を中山口に移動しておけば、母成峠を破られたとき、すぐ敵の背後を突くこともできたはずであった。

もともと会津軍の兵力は七千前後の微々たるものだった。各地で戦死者を出し、兵力は減る一方で、それを農兵隊で補ったが、農兵隊は地域にばらつきがあり、猪苗代の辺りは特に少なかった。

銚子ヶ滝への道

地域によって農民と会津藩の関係は必ずしもしっくりいってはいなかった。税制が過酷で、しかも身分の差は厳しく、役人は農民を土下座させて一方的に命令したともいわれた。

石筵口の攻撃は刻々と迫っていた。二本松を出発して西へ十七キロの石筵口母成峠に向かうには三つの道があった。一つは二本松を出て玉ノ《たまの》井《い》（安達郡大玉《おおたま》村）から赤木平《あかぎだいら》を越えて銚子《ちょうしが》ヶ滝《たき》がある勝岩《かついわ》を登って母成峠に向かう。昔、伊達政宗が会津を攻めたときに通った道である。もう一つは玉ノ井から安達太良山につながる和尚《おしょう》山の南麓を登る。三つ目が玉ノ井から舛田《ますだ》峠を越えて、石筵村に入り、そこから母成峠に向かう道である。

いずれも難路で、特に勝岩と和尚山は、登山道であり、相当の困難が予想された。今もこの辺は深山幽谷で、慣れた人と一緒でないと歩くことは難しい。

もっとも歩きやすいのが第三の道、石筵だった。石筵は北から南に石筵川が流れ、西に大滝山が屏風《びょうぶ》のようにのび、東に和尚山の裾野が広がり、南に西高森、守屋《もりや》山、鶯段《うぐいすだん》などの山々が迫った細長い谷間にあった。

会津軍は、敵の宿営地をなくすため、ここ石筵の村落に火を放ち、全村五十三戸を焼き払っていた。これが裏目に出て、周辺の農民から反感を買ったのである。正面に会津軍の台場があり、それをいかに落とすかが鍵だったが、村人は裏道も熟知しており、敵の背後に回ることも可能だった。しかし、一つのルートだけでは危険である。

薩長軍は三つのルートのうち勝岩と石筵の二つに絞り、攻撃隊約二千が八月二十日朝八時、四隊に分けて二本松を出発した。さらに中山口に陽動部隊も送ることにした。

中山口に向かう陽動部隊四百が先行し、続いて勝岩に向かう土佐の谷干城《たにたてき》率いる土佐兵と長州兵約一千、石筵に向かうのは板垣と伊地知が率いる本隊千三百、薩摩の川村与十郎率いる別働隊三百が、時間をおいて出発した。

兵は薩摩、長州、土佐、日向《ひゅうが》（宮崎県）佐土原《さどわら》、大垣、肥前（長崎県）大村《おおむら》の六藩で編制され、本隊のなかには四斤山砲で編制した薩摩の一番、二番、三番砲隊もいた。この日は山入や玉ノ井までの行軍だった。

母成峠の入り口

玉ノ井や熱海周辺で戦闘開始

母成峠の会津軍は、この動きを二十日の時点で知っていた。

『会津戊辰戦史』に「勝軍山を守る東軍は伝習隊が前面に出て、仙台兵、会津兵を右翼、二本松兵を左翼として、山を下って奮戦したが、伝習隊が苦戦となり、山上に退いた。兵士の死傷およそ三十人」と記述している。

地元の研究者がまとめた母成峠、殉難者慰霊碑の『戊辰戦役母成峠建設記念誌』(一九八二年)にもこのことが書かれている。会津軍は前日から伝習第二大隊と会津、二本松、仙台の兵四百を横川、玉ノ井、山入方面に出していた。二本松に先制攻撃をかけようとする攻撃隊の一部である。この部隊が途中で、薩長軍に遭遇したのである。会津軍が三方から包囲され、三十名余の死傷者を出し、母成峠に引き上げていた。

偶然の遭遇か、迎撃か、見方が分かれるものの、会津軍は事前に薩長軍の攻撃を知っていたことは確かだった。

薩長軍は会津軍に石筵攻撃を知られたと判断し、厳重な警戒態勢を敷いた。

薩摩藩番兵一番隊の小隊長伊藤祐徳の手記に、そのことが記されている。

「八月二十日、未明、諸藩官軍二本松を発し、玉ノ井村や横川村に宿陣した。土佐一小隊が熱海村近くに迫ったところ賊兵が発砲し、薩摩、長州一小隊が出て、敵兵を敗走させた。各隊は横川村に引上げ、厳重に警戒したが、熱海村の賊徒までは、わずか二町余しか離れておらず夜襲の心配があった」

熱海村は現在の郡山市磐梯熱海である。どちらかというと中山口に近い。伊藤が遭遇した会津兵は国境を越えて熱海に出没していた別働隊なのか、それとも母成峠の兵なのかはっきりしないが、明確にいえることは、二十日の時点で複数の会津兵が敵を確認していたという事実である。

長沼に近い岩瀬村の周辺にも朱雀四番寄合中隊がいた。

兵士たちは須賀川、郡山に駐屯していた敵兵が二本松、本宮に向かったことを知っていたが、特に気にかけることもなく、人夫に命じて酒を調達し、日中から宴を張り、あるいは謡い、あるいは踊り、大騒ぎをしていた。上司から時節もわきまえず見苦しいと叱られたが「敵、眼前にあり、いつ死ぬかもしれぬ。快飲せずしてなんぞ」と反発し、飲み続けた。翌朝、前日に敵が母成峠に攻め込んだことを知った。

会津軍は知り得た情報を分析し、作戦を立てる戦略に欠けていたように思える。

母成峠攻撃を察知しながら、なんら対策を立てなかったことは、それを象徴する出来事だった。

母成峠の戦い略図

母成峠奪われる

母成峠は標高が九百七十二メートル、幅が約五百メートルほどある山岳にあり、東南は急な谷になり、北西には沼尻高原が広がっていた。いま、ここを母成グリーンラインが通っている。

会津藩は図のように、ここに三つの台場を築いていた。

まず石筵の北約二キロの萩岡《はぎおか》台場である。ここには合図のための木砲をおいた。

峠の東南一・五キロの中軍山《ちゆうぐん》には第二台場をおき、大砲二門をおいた。周辺には陣地も造り、守備兵をおいた。峠の頂上には第三台場をおき、土塁を築いた。さらに石筵川の源流、銚子ヶ滝がある勝岩にも陣地を構築し、大砲をおいた。二本松では猿岩《さるいわ》と呼ぶ要害である。

当初、ここには田中源之進隊、猪苗代城代高橋権太輔の兵と和田八兵衛、北原半助らの兵、わずかに二百人ほどがいるだけだったが、大鳥圭介が伝習歩兵四百人を率いて駆けつけ、さらに二本松兵百人、仙台兵百人、新選組兵若干の応援もあり、最終的には八百人ほどの兵がいた。

母成峠を視察した大鳥は、最低二千人の兵がいなければ、とても守れないと判断し、農兵を一人でも多く仕立て、配置するしかないと、急いで会津若松に戻り、松平容保にそのことを具申した。しかし城に詰める官吏は、現場の状況にうとく、この献策を受け入れなかったと大鳥は記録している。

「俗吏の権限が強過ぎ、因循《いんじゅん》の風にひたっている」

大鳥は役人支配の体制を批判した。

猪苗代に戻った大鳥は、家老の田中土佐と中地口の陣将内藤介右衛門に会い、攻守の策を協議したが、ここでも意見はすれ違ったままだった。大鳥が石筵口の強化を求めたのに対して、田中と内藤はそれよりも二本松を攻撃すべきだと主張し、少ない兵を二本松奪還に向かわせた。

ともあれ田中も内藤も石筵口には関心を示さなかったと大鳥は書いている。

これも会津藩の情報収集能力の低さに原因があったと思われる。中山峠攻撃の情報が意図的に流されていたので、これに惑わされた面もあったが、基本的には探索が不十分だった。

郡山の名主《なぬし》検断《けんだん》今泉久三郎《きゅうさぶろう》の日記に、興味深い記述がある。

石筵口攻撃が迫るにつれて、薩長軍からの人足や馬の徴発がふえてきて、誰の目にも会津攻撃が目前に迫ったことは明らかだった。郡山の有力者は、母成峠攻撃を感づいていた。

攻撃の日、久三郎は「官軍進入、すこぶる激戦、昼夜砲声雷のごとく轟いた。出夫の家族ども大いに案じ、昼夜安否を問いに来る者が数十人もいた。婦女子は、父兄に帰村を請うて、涕泣《ていきゅう》し、実に気の毒であった」と記した。

周辺の村人が大量に母成峠攻撃に加わっており、家族ははじめて会津との戦争に息子や夫が動員されたことを知って嘆き悲しんだ。

正規兵が二千として、それに加えて、何百人もの人夫が食糧、弾薬などを担いで母成峠を登った。

従来、会津若松の攻防戦は、攻める薩長軍と守る会津軍の死闘としてのみ描かれてきた。しかし、それは必ずしも、戦争の真の姿をとらえたものではなかった。周辺の町や村が戦争に巻き込まれ、何千、何百という村人が重要な役割を果たしていたのである。

木砲二発

攻撃の日、八月二十一日は朝から濃霧だった。

昨夜からの雨も残っており、山道はぬかるみが多く、しかも急斜面で、行軍はどの隊も難渋した。この朝、大鳥圭介は母成峠の陣営に戻っていた。前線基地の萩岡からの砲声二発を聞いて、飛び起き、すぐ中軍山に駈け登ると、霧の晴れ間から敵が二手に分かれて登ってくるのが見えた。

大鳥は田中源之進を中軍山に残し、第二大隊と二本松の兵を率いて勝岩に登り、新選組隊と第一大隊が勝岩の下に布陣した。たちまち砲撃戦になり、撃ち合っていると、萩岡方面に火災が起こり、会津兵が傷を負って逃れてきた。

母成峠頂上にある戊辰戦争の碑

第一台場があえなく落ちたのだ。それを追って敵軍が迫ってきた。中軍山の砲台が応戦したが、中軍山には二門の大砲しかなく、敵は山砲で確実に砲撃を加え、さらに背後に歩兵が回って奇襲攻撃をかけたので、第二台場も混乱に陥った。陣屋も炎上した。

会津軍も必死で戦った。ラッパを吹き、鐘を叩き、喊声《かんせい》をあげ、小銃を撃ちまくったが、勝敗を分けたのは間道からの奇襲だった。

地元民が的確に会津の台場に敵兵を誘導した。霧が深く、攻撃してくる敵軍の姿が見えにくく、そこを間道から登ってくるので、会津軍は随所で背後から撃たれた。越後の戦場でも、焼き討ちに怒った村人が退却する会津兵を攻撃した。それと同じだった。

残るは頂上にある第三台場だけになった。

「ここが破れれば、会津の滅亡旦夕《たんせき》にあり。いま一奮戦せよ」

大鳥は叱咤激励したが、弾丸雨飛、味方は敗走し、胸壁に残るのは数人だけになった。もはやこれまでと、大鳥と会津兵は数十人の死傷者を残して母成峠を撤退した。

会津の関門、石筵口が薩長軍の攻撃によって破られた。時間は午後四時を過ぎていた。

土方歳三がこの日、どこにいたのか定かではないが、中地口の内藤介右衛門と砲兵隊長の小原宇右衛門に、「敵は明朝には必ず猪苗代まで押し寄せるであろう。諸口の兵隊を残らず猪苗代に回すべきである。さもなくば、明日中にも若松まで押し寄せるであろう」と警告していた。しかし内藤らはすべて手遅れと判断し、猪苗代湖の南岸を回り、会津若松に戻ることとしか頭になく、猪苗代に兵を回すことはなかった。薩長軍は抵抗を受けることなく猪苗代を突破する。

山間を逃げ回る

気がつくと、大鳥の周囲には歩兵三、四人と付人一人しかいなかった。皆、慌てふためいてバラバラに逃げてしまった。そのとき、呼子《よぶこ》の笛の音がしたので、大鳥は味方だと思い、近づくと突然、銃撃された。そこかしこ、敵だらけだった。

どこをどう歩いたのか、そのうち川にぶつかり急流を渡って対岸に出ると、そこは沼尻《ぬまじり》だった。ここから会津若松に戻ろうとしたが、誰一人、方角が分からない。このうえは米沢街道に出るしかないと林を越え、小高い山を登ったり下ったりしたが、完全に方角を見失い、まったく方向が分からない。空腹も加わり、歩けなくなった。

やがて夜になったので、大樹の下で野宿したが、夜中に雨が降り、びしょぬれである。突然、前方に火炎があがった。どちらかが近くの集落に火を放ったに違いない。

ここにとどまっているわけにはいかない。また歩きだすと、近くの林から女子供の声が聞こえてきた。家来に見に行かせると、子供づれの老婆が三、四組いるという。行ってみると、さだめし空腹であろうと、老婆が鍋ごと飯を出してくれた。飯に食らいつき、それから握り飯をつくって懐にいれ、老婆らと別れてまた歩いた。今度は子供を背負った男に出会った。

「金を払うから米沢に案内してくれ」

というと、男は米沢への道は知らないという。秋元原《あきもとはら》に行けばわかると、そこまで案内してくれた。現在の裏磐梯である。

秋元原はいまペンション、コテージでいっぱい

大島の行動を見ると、大島は会津若松に向かうのを放棄したようにも見受けられる。本来、即座に第一報を会津若松の軍事局に送るべきだったが、かくも山中をさまよい歩いては、不可能だった。大島の周りには会津兵が一人もいなかった。このことも大島の判断を狂わせたに違いない。敵の奇襲攻撃で会津兵も、やみくもに山中を逃げ惑う敗残兵になっていた。

敵が国境を破ったら、どうすべきか。会津藩兵にはそのマニュアルがなかった。

翌日、大島はようやく秋元原に近い大島原《おおしまはら》の集落にたどり着いた。ここでトウキビをもらって食べていると、二本松藩の家老丹羽丹波がやってきた。憔悴《しょうすい》し切った顔だった。

大島が最後の力をふり絞って秋元原にたどり着くと、ここには十四軒ほどの人家があり、そこに伝習第二大隊の兵と会津兵がいた。猪苗代の模様を聞くと、敵兵が猪苗代を占領し、ほどなく会津若松に攻め込む勢いだという。大島はなんとか会津を助けたいと、米沢に向かうのをやめ、若松に引き返すことにした。時間も遅いので周辺の民家に一泊した。ここで久方ぶりに湯に入ることができたが、この里には米が一粒もなく、会津の兵隊から兵糧をもらって食べた。雨は夜通し降り続いていた。

二十三日早朝、ここを出て雨降りの泥土を進むと、若松の方角から婦女子が陸続として、やってくる。皆、泥だらけで、顔がひきつっている。聞けば敵が会津若松に侵攻したという。そこに林正十郎、本多幸七郎、大川正次郎、滝川充太郎ら伝習大隊の士官と新選組の土方歳三がやってきた。

皆呆然《ぼうぜん》としていたが、大鳥の顔を見て、びっくりし、お互いの無事を喜びあった。会津若松は敵兵で充満し、兵士は潰乱し、危機的状況にあるという。

もはや駄目かと、大鳥は肩を落とした。

母成峠を奪った薩長軍は郡山周辺から大量の農民を動員し、早くも食糧、弾薬の補給を開始した。この場合、補給路は中山峠であった。補給は八月二十四日から始まり、郡山周辺の十五歳から五十九歳までの男子を一日何千人と徴発し、会津若松に向かわせた。人夫は白米四斗俵一俵を二人で持ち、馬は三斗俵を二つつけた。夜は野宿し、生米を嚙みながら歩いた。会津若松に迫るにつれて、大筒小筒の撃ち合い、昼夜引きもきらず百万の雷よりも恐ろしく、天地も崩れるのではないかと驚いた。

道筋には薩長軍の見張番所が何か所も設けられ、薩長軍の戦死者の死骸の取りかたづけ、穴掘りなどもさせられた。人夫は逃げようにも逃げられず、戦争が終わるまで酷使される。石筵村の農民も最後まで動員された。その功績で名主の平十郎は明治政府から金五十両を贈られている。

もしも会津軍がこの周辺の農民と手を組み、ゲリラ集団を組織していれば、郡山と会津若松間の兵站《へいたん》は分断され、薩長軍の武器弾薬は会津兵に奪われていたに違いなかった。そうなれば薩長軍は食糧、弾薬の輸送に正規兵を投入せざるを得なくなり、戦況は予断を許さぬ情勢になっていたであろう。

鶴ヶ城に悲報入る

会津若松に母成峠の敗報が入ったのは、『会津戊辰戦史』では二十二日寅《とら》の下刻、午前五時ごろだった。猪苗代にいた永岡権之助が急報したのである。

戦闘開始が前日の早朝である。すでに一日が経過していた。完全敗退は午後の四時ごろだとしても、十三時間も過ぎている。馬を乗り継げば、数時間もかからない距離である。大鳥の逃避行で見たように、会津の兵士たちは皆動転し、もっとも大事な通報を忘れてしまっていた。

会津藩の士官の教育が不徹底だったというほかはない。それが戦闘の随所に出て、会津藩の防衛態勢に大きく響くことになる。

永岡が知らせたとき、城内で敵の侵入を知る人は、もちろん誰一人おらず、全員、顔色を失って呆然となったと「若松記」(『復古記』)にある。

「東方の国境、石筵口、母成峠の防備を失い、我が兵は潰散し、その敗卒、追々《おいおい》猪苗代城下に来たり、動揺はなはだし。このとき永岡権之助、地雷火製作の命を受け、猪苗代に出張ありしが、事急なるを聞くやいなや、若松に報知せんと駆走して、同日申《さる》の下刻、鶴城に達し、城中軍事局に至り警急の事を述べるに、未報告にして一人も知る者がなく、諸局在番の者、晏然《あんぜん》として休息しており、変を聞いて色を失って大いに驚く」

現在の会津鶴ヶ城

まさに、寝耳に水の出来事だった。この史料だと永岡が城に駆け込んだ時間は、二十二日、申の下刻、午後五時ごろになっている。いくらなんでも、これは誤記であろう。申の下刻では、一日半も遅れたことになる。

この時期の会津藩の軍事の責任者は、一体、誰なのか不明確な部分もあるが、強いてあげれば、京都で長州と衝突した経験を持つ家老の田中土佐、神保内蔵助であろう。軍事に精通している鬼官兵衛《おにかんべえ》こと佐川官兵衛もいた。

しかし、このとき、主君容保はもとより、官兵衛の動きも緩慢だった。

容保が最初にとった行動は、閉門中の国家老西郷頼母を呼び寄せることだった。西郷は白河惨敗の責任を問われ謹慎を命ぜられていた。

西郷が駆けつけたところで、田中土佐、神保内蔵助、萱野権兵衛、梶原平馬、山崎小助、簗瀬三左衛門、北原采女《うねめ》、佐川官兵衛らで容保を囲んで軍議が開かれた。西郷は、ここに至った根本的な責任は重臣たちの無能さにあるとして、全員に切腹を迫った。

この期に及んで、責任論をいい合ったところで、どうなるものでもないのだが、そのため軍議は空転し、防備の策が決まって出陣したのは、午《うま》の下刻、午後一時ごろになっていた。

必要なことは、即出動のはずであった。

先鋒総督を命ぜられた佐川は白虎、奇勝、回天、敢死、誠忠の諸隊を率いて猪苗代湖から流れる日橋川にかかる十六橋の破壊に向かった。萱野権兵衛も別ルートで日橋川に向かった。西郷は水戸兵百五十人を率いて冬坂《ふゆさか》峠方面に向かった。その他、桑名藩兵も猪苗代方面に出動したが、この程度のことに数時間かかったとすれば、問題多々ありで、会津藩重臣たちの無能さをさらけ出した。同情すれば、あまりのことに狼狽《ろうばい》し、手が付かなかったということかもしれない。

本来、誰がどこを守るかは事前に決めておくべき問題であった。敵が攻め込んでから配置を決めるなど、あってはならないことだった。

十六橋の破壊は寸刻を争う急務だった。それなのに「そもそも」から始まる不手際のつけは大きく、なすところなく十六橋も奪われた。

先鋒総督の佐川は、戊辰戦争が始まるや最強部隊の朱雀四番士中隊を率いて越後を転戦、長岡の河井継之助とともに大いに奮戦した。

広沢安宅《あんたく》の『幕末会津志士伝稿本』に「官兵衛は君命により精兵を率いて出陣し、よく戦い、しばしば敵を苦しめた。惜しむらくは物資の供給が十分でなく、これをもって戦線、日に縮小し、終局の勝算はおぼつかなかった。同八月初旬、君公は官兵衛を召喚した」とある。帰国した佐川は家老として軍事を担当したが、国境を破られるという最大の危機にさいし、特筆すべき活躍は見られなかった。

佐川はもともと、戦略を立てることには向かない男であった。あくまでも第一戦の部隊長であり、長州の大村益次郎のように後方にいて、作戦を練る戦略家ではなかった。

結局、会津藩首脳は国家存亡の危機にさいし、延々、会議を開くだけで、何ひとつ、迅速な対応を取れなかった。

会津の最高司令官は藩主容保である。最終的には容保の指導力の欠如になろうが、結局のところ存在感のある重臣の不在が大きかった。本来、西郷がその立場にあったが、短慮で激昂する性格のため、主君容保ともそりがあわず、藩内にいつも不協和音がただよっていた。

頼母が担当した冬坂は、東山温泉の前方にそびえる、背炙山《せあぶり》のことである。下界は猪苗代湖であり、敵が押し寄せる可能性は、万に一つもなかった。西郷はまたしても体よく城を追われた。ならばなぜ頼母を城に呼んだのか、後悔、先に立たずであった。

内藤介右衛門の判断

中地口の陣将内藤介右衛門はいつ母成峠の敗戦を知ったのか。これも重要な問題だった。母成峠を落とした薩長軍の最大の関心事は、中地口を守る内藤介右衛門の軍勢が、どう出るかであった。

内藤の軍勢は、中地口に青龍一番士中隊、朱雀寄合組中隊、義集隊、会義隊など八隊と小原宇右衛門の砲兵隊、合わせて数百人がいたと見られる。ほかに中山峠に千葉権助の部隊がいた。人数は不明だが、ここにも砲兵隊が配置されており、この界隈に三、四百人前後の兵がいたと思われる。

内藤がいた中地口から猪苗代までは、さほどの距離ではなかった。馬を使えばわけなく偵察に行けたし、歩いても数時間で行ける距離である。船があれば容易に猪苗代へ渡ることができた。中山峠の場合は猪苗代の玄関口であり、目と鼻の先の距離だった。しかし会津兵の追撃はなかった。

薩摩の伊藤祐徳は、次のように記述している。

「八月二十二日、官軍の各隊は母成を発し、木地小屋《きじごや》で暫時休兵し、母成より三里余の猪苗代町に十時に着陣した。二番小隊、四番小隊、六番小隊は昨日二十一日には木地小屋に侵入しており、賊兵は猪苗代の亀ヶ城と、会津の藩祖保科正之《ほしなまさゆき》を祭る土津《はにつ》神社を焼いて退去した。よって各隊は、猪苗代より二里の十六橋を越し、戸ノ口まで進軍した」

木地小屋は母成峠を下り、中ノ沢温泉を越え、猪苗代町の入り口に近い集落である。

木地小屋

どこにも会津兵の姿はなく、薩長軍は無人の荒野を行くように、一気に会津若松の玄関口に侵攻した。薩長軍にとって、これは実に意外なことだった。

板垣と伊地知が懸念したのは、中地口の内藤軍に後ろから攻撃されることだった。このためいつも偵察の兵を中山口や中地口に差し向けていた。実は内藤も薩長軍を背後から襲えないか、ぎりぎりの判断に迫られていた。

（上）土津神社
（下）亀ヶ城（猪苗代城）跡

「中山口に出張の賊兵、同所、引上げ、壺下《つぼおろし》村より猪苗代へ掛り、官軍の跡を絶ち、襲来の旨、宮古《みやこ》沢《ざわ》賊徒の軍局から猪苗代軍局に遣わした密書を四番隊が分捕り、猪苗代滞陣の本営に到達した。各隊、厳重に持ち場を堅めた」

伊藤祐徳が緊張の一瞬をとらえていた。

宮古沢（都沢）は、中山口に近い猪苗代の長瀬《ながせ》川下流の東岸に位置する集落である。内藤は中山口の兵に猪苗代に向かうよう指示していたのだった。何人かの兵は猪苗代に向かい、諸所に放火したと伊藤は記録している。ただし、この兵は母成峠の敗兵の可能性もあるので、かならずしも中山口の兵とは断定はできないが、内藤もむざむざ逃亡したわけではなかった。

問題は会津藩軍事局と内藤に、母成峠を破られた場合、どう対応するかのマニュアルがあったか、どうかである。敵の背後に回る策はもともとなかったのか、あっても連絡が遅く、間に合わなかったのか、あるいは、あまり時間をかけずに会津若松に戻る判断をしたのか。

まず内藤がいつの時点で、母成峠の敗戦を知ったかである。

大砲隊の藤沢正啓《まさひろ》は、二十日、御霊櫃峠で胸壁を築く作業をしていた。時間は不明だが、「石筵口、敵襲来、会戦中」の知らせを受けた。内藤にも当然、入ったはずである。しかし、藤沢にこの日、動いた形跡はなかった。二十一日もまったく動いていない。

二十二日になって石筵口大敗の知らせが入り、はじめて騒然となった。

丸一日、大敗を知らずにいたことになる。これは内藤も同じだった。内藤は大急ぎで郡山領の多田野《ただの》村に派遣していた三番分隊を峠に呼び戻し、やっと砲兵隊に猪苗代応援の命令を下した。しかし、一日の遅れは致命的だった。砲兵隊が御霊櫃峠を下ると、早くも猪苗代方面に火災が起こり、砲声が轟いていた。

連日の大雨で進退は困難を極め、大砲を搬出できず、山間の茂みのなかに隠し、捨てたも同然の形での退却だった。薩長軍は大勢の農民を動員し、食糧、弾薬の運搬を始めているの

内藤隊の軍勢（白虎隊記念館蔵）

に、会津の砲兵隊は人手が足りず、虎の子の大砲、弾薬を放棄していた。この差も大きかった。

湖岸の浜路《はまじ》村まで来ると、もう夜になり、そこへ敵は早くも戸ノ口に達したと連絡があった。内藤はもはや間に合わないと判断し、二十二日夜の時点で、猪苗代への追撃を打ち切った。中地口の内藤隊の追撃はなかったのである。

藤沢は五日前に峠を下り、郡山領に入り、偵察していた。多田野村には砲兵が駐屯していた。だが会津兵の耳に母成峠攻撃の動きは入らなかった。

偵察失敗のつけと、出動の判断が一日遅れたことで猪苗代救援は失敗し、会津軍は薩長軍追撃の機会を失った。

これが会津の惨敗を決定的にした。後方からの追撃がなかったため板垣と伊地知は、一気に会津若松まで攻め込むことができた。

藤沢は二十三日に湖南の町、福良に到着した。滝沢峠入り口の強清水《こわしみず》（河沼郡河東《かわひがし》町）へ偵察に出した兵士が戻ってきて、滝沢峠の前方、戸ノ口は敵兵で充満していると告げた。

藤沢らはただちに出立、黒森《くろもり》峠まで来ると、敵が湖南の赤津《あかつ》村まで侵攻し、放火したという知らせがあった。湖西の原村《はら》まで来ると、敵は会津城下に進撃したことが分かった。もはや本道はとざされた。内藤隊は、ここから山中に入り、東山温泉に通じる背炙山を登った。数日の大雨で山道は滑り、歩行は困難だったが、お互い励ましあって、必死に頂上を目指した。頂上にたどり着いたとき、隊員の目に映ったのは、炎上する会津若松城下の光景だった。

「砲煙と砲火が全市をおおい、小雨が降りしきり、その惨憺《さんたん》たる光景、断腸の思い、全隊、一言も発せず慨嘆した」

藤沢はそのときの模様をこう記している。会津藩最強の部隊が、なんら実力を発揮することなく、無残な姿で山頂に立っていた。いくつかの戦場に共通する、会津軍の情報収集と危機管理マニュアルの不備が、ここにも露呈していた。

第三章　会津城下の戦い

一　敵、滝沢峠に迫る

十六橋の攻防戦

母成峠を破った敵は、雨のなかを怒濤《どとう》のように進撃してきた。

「八月二十二日五時、ホナリ峠進発、ただちに猪苗代へ進撃、賊、自ら陣屋を焼いて逃げる。同所へ宿陣、夜、薩兵十六橋において激戦、夜十一時、一番、四番銃隊、戸ノ口に至り、終夜激戦、大雨、兵皆、浴雨《よくう》」（薩摩藩『島津忠寛《ただひろ》家記《かき》』）

これは薩摩藩の記録である。この日、猪苗代周辺は終日大雨で、土砂降りのなか、薩摩の先鋒隊が十六橋にたどり着いたのは二十二日の夕方だった。

『東山道戦記』だと、申《さる》の刻、午後四時ごろとなっている。着いてみると会津兵が橋を破壊していた。この橋は天明六年（一七八六）に十六個の石を積み上げて架橋したためがね橋である。この橋が破壊されると、大きく迂回《うかい》するか、湖水を渡らなければ、会津若松には入れない。双方にとって、勝敗を決する重要な橋であった。

薩長軍は斥候からの報告で橋確保の意味をよく知っており、先鋒薩摩の川村与十郎（純《すみ》義《よし》）は、一刻も早くここを占領せんと兵を叱咤《しった》して進撃してきた。

（上）猪苗代湖
（下）十六橋

会津軍の猛将佐川官兵衛も、むろん橋の重要性は熟知していた。しかし土工兵が鶴嘴《つるはし》を振るい橋げたの破壊を始めたとき、敵が攻め込んできた。出足の遅れが致命傷だった。会津兵に激しい銃撃が加えられ、橋はたちまち占領された。

屋上屋を架す失敗だった。

旧幕臣の記録『慶応兵謀秘録』は「味方が防戦したが、敵は潮のごとく大勢わいて来て、しばらくは防戦したが、敵は湖水を舟で渡り、前後に敵を受け防戦できず、諸兵が散乱した」と書いている。

舟で湖水を渡った敵兵もいたようで、これを許してしまっては完敗だった。舟での攻撃も予測されたことであり、事前に舟を没収して隠すか、会津側に移動しておくべきだった。いたるところで会津藩軍事局の無為無策が露呈した。

夜、敵兵は十六橋を渡って戸ノ口に充満した。

雨はますます激しさを増し、両軍とも疲労困憊《こんぱい》だった。

この夜、松平容保は滝沢峠の麓にある滝沢村郷頭横山山三郎宅を本陣とし、兵を叱咤し、ここで一夜を過ごした。傍らには実弟の桑名藩主松平定敬がいた。会津藩兵は皆、滝沢峠を越えて戸ノ口原に出陣し、容保の周囲にいるのは長岡藩兵、飯野藩兵四十人ほどだった。容保の護衛として城を出た白虎二番士中隊の隊員たちも隊頭日向内記《ひなたないき》に率いられて申の刻、午後四時に大野ヶ原に至り、丘陵に陣を構えた。

会津鶴ヶ城からわずかに二里の距離である。城下の目の前に敵が迫ってきたのである。十六橋から撤退した佐川は、戸ノ口、強清水《こわしみず》、大野ヶ原《おおのがはら》に胸壁を築き督戦した。

ここはなだらかな平原である。強清水には集落があり、滝沢峠はここから入るが、現在の峠は明治以降にできた道で、当時の峠はもっと山中に入っていた。

(上)旧滝沢本陣
(下)滝沢峠周辺の集落

連日の激しい雨は台風の影響によるものだった。太平洋岸は特にひどく、江戸湾を出た榎本武揚の艦隊が房総半島沖で遭難していた。雨具も食糧も持たない白虎隊の隊員たちにとって、最悪の出陣であり、少年兵たちは寒さに震えながら夜が明けるのを待った。

白虎隊の悲劇

白虎士中隊は一番、二番に分かれていた。

二番士中隊は大野ヶ原に出陣したが、一番士中隊のほうは、隊長春日和泉の家に集合していた。山を隔てて東の空に砲火が見え、大砲の発射音が間断なく聞こえた。斥候の報告では、敵はすでに十六橋を越え、戸ノ口原に迫っていた。

隊員の西村四郎が城中の動静を探ることになり、城に向かうと、城の周囲には高張提灯《たかはりぢょうちん》が煌々《こうこう》と灯され、「静かなる事、林のごとし」という光景だった。そのとき、佐川官兵衛が馬にまたがって出てきた。

「明暁、敵を戸ノ口に防ぎ、十六橋以東に追い払うぞ」と佐川が西村に声をかけた。西村は意を強くして、春日のところに戻った。

白虎隊墓前祭における会津高校生徒の剣舞（提供・会津若松観光物産協会）

大野ヶ原白虎隊奮戦の地

佐川は、なぜか楽観的だった。一番士中隊の面々は、意を強くして夜が明けるのを待った。やがて空が明るくなった。雨は依然、強かったが風はおさまってきた。そこへ伝令が来て城の北門に来るよう命令があった。大砲の音が間近に聞こえた。

隊員たちが駆けつけると、滝沢口から帰城する主君を迎えるよういいつけられた。急いで甲賀町《こうかまち》口の郭門前まで行くと、主君が二十人ほどを従えて戻ってきた。隊員たちは捧げ筒をして主君を迎えた。

「敵兵が数百歩のところに迫った」

と主君が馬を止めて叫んだ。隊長の春日和泉以下、一番士中隊の少年たちは、驚いて銃を構えた。バラバラと敵の銃弾が撃ち込まれた。佐川のいったこととはまったく違っていた。いったい、どうなっているのか、皆、顔を見合わせた。

戸ノ口や大野ヶ原では、二十三日早朝から激しい戦闘になっていた。

二番士中隊は三十七人の隊員がいたが、死傷者が相ついだ。隊長の日向内記は食糧を調達するといって前夜、陣地を離れ、戻ってこず、空腹も重なり、パニック状態になっていた。

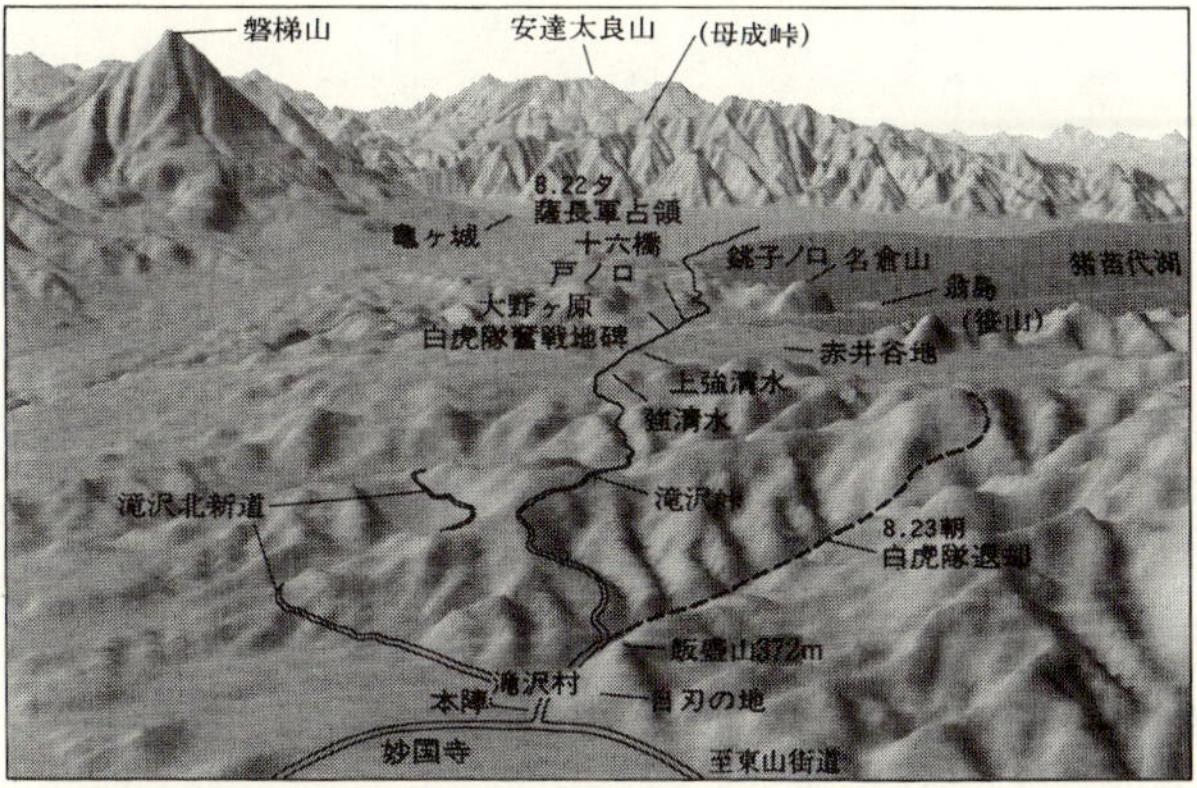

白虎隊戦闘略図（8 月22日～23日）

日向は指揮官として失格であった。少年たちを残してどこに消えたのか。これが不運の始まりだった。やむを得ず嚮導《きょうどう》篠田《しのだ》儀《ぎ》三郎《さぶろう》が代わって指揮をとった。しかし持ってきた小銃は銃身がすぐ熱くなり、とても使える代物ではなかった。会津藩兵が所有する小銃は筒先から弾をこめるゲベール銃やヤーゲル銃が大半で、後装銃はわずかだった。

白虎隊が所有する銃の大半は、中古品のヤーゲル銃で、これには照門もなく、どこに弾が飛んでゆくのか分からない安物だった。新品ならばそこそこの銃なのだが、中古品のため、小田山《おだやま》下の稽古場で訓練したときは六十間離れた的に当たらなかった。また何発か撃つと打金《うちがね》（撃鉄）や火門が飛んだ。このため、一部の隊員は新式銃を持参した。

二番士中隊は、敵に攻めたてられ、戦闘が始まってすぐに潰乱した。

少年兵たちはバラバラになり、統率が困難になった。

篠田は残った隊士を率いて若松に退却することを決め、集まった二十人を連れて間道から飯盛山に登った。

二十人は篠田のほか安達藤三郎《あだちとうさぶろう》、間瀬源七郎《ませげんしちろう》、簗瀬勝三郎《やなせかつさぶろう》、野村駒四郎《のむらこましろう》、西川勝太郎《にしかわしょうたろう》、石《いし》山虎之助《やまとらのすけ》、伊藤俊彦《いとうとしひこ》、有賀織之助《ありがおりのすけ》、簗瀬武治《やなせたけじ》、永瀬雄次《ながせゆうじ》、飯沼貞吉《いいぬまさだきち》、井深茂太郎《いぶかもたろう》、津川喜代《つがわきよ》美《み》、林八十治《はやしやそじ》、石田和助《いしだわすけ》、池上新太郎《いけがみしんたろう》、鈴木源吉《すずきげんきち》、津田捨蔵《つだすてぞう》、伊東悌次郎《いとうていじろう》である。

飯盛山に登ってみると砲声が轟きわたり砲煙が天をおおい、城外は火に包まれていた。鶴ヶ城も落城し、君公も難に遭ったと篠田は判断した。空腹と恐怖と疲労で、正常な判断力を失っていた。十数人が城に向かってひざまずき自刃、そして、残りの数人が周辺で戦死した。一人、飯沼貞吉が生き残り、白虎隊の悲劇を世に伝えることになる。

二　老臣、家族の殉難

警鐘乱打

二十三日早朝、けたたましく警鐘が乱打された。薩長兵がそこまで迫っていて、あちこちに黒煙が上がり、人々は悲鳴をあげて逃げまどい、城下は大混乱になった。

本来、少なくとも二十二日早朝の時点で避難を開始するべきだった。しかし敵の侵入まで半鐘が鳴ることはなかった。

「この急劇のさいにおいて、父母兄弟相失し、一家各地に離散し、死生を知らざるに至る者多かりき、殊《こと》に幼童男女の家族と相失し、弾丸雨飛のなかを彷徨《ほうこう》して父を叫ぶあり、母を恋うあり、幼き同胞の相助け、相携えて何処《いずこ》ともなく走るあり、しかして病者を担うあれば、盲人を負うあり、聾者《ろうしゃ》と跛者《はしゃ》の狼狽はもとより、火炎に包まれて泣く者、憤慨途に屠腹する者、その雑踏名状すべからず」

戦後、書かれた池内儀八の『会津史』の一節である。

なぜこんなことになったのか。それは一にも二にも避難告知の遅れだった。

これは田中土佐、神保内蔵助や佐川官兵衛の大きな読み違いだった。前線の兵が敵に追われて逃げるのが精一杯で、鶴ヶ城の軍事局に正確な情報が入ってこなかったことも、皆の判断を狂わせたのだろうが、的確さを著しく欠くものだった。

白虎隊員に語った「敵を十六橋の外に追い払う」という佐川の発言も、さしたる根拠のないものだった。

会津藩は五月一日の白河の戦いから戦略面で、いつも劣勢に立たされた。主君容保の指導

(上)鶴ヶ城の城門
(下)城門周辺の戦闘の図(白虎隊記念館蔵)

力に限界があり、白河では戦争を知らない西郷頼母を総督に立てて失敗し、今度は内藤介右衛門や田中土佐らが戦況を見誤り、母成峠を破られた。そして、佐川が十六橋で防戦に失敗した。

判断ミスの連続で戸ノ口、大野ヶ原とまたたく間に破られ、敵は城下に殺到した。ここでさらにミスが起こった。城下に住む人々に対する告知の遅れである。

城下の人々は、軍事局を信じ、砲声を耳にしながらも多くは避難せずに城下にとどまっていた。一部の人は近在に避難していたので、避難計画がまったくなかったとはいえないが、敵が侵入してから慌てて警鐘を乱打することになり、犠牲者を増大させてしまった。

半鐘が鳴ったとき、藩士とその家族は城に避難することになっていた。しかし、大混乱のため、入城できない人が続出した。このため、独自の判断で、行動するしかなかった。

桜井常四郎は滝沢峠の舟石で、敵退散の祈禱をしていた。朝、家を出るとき「もし敵が城下に攻め込んだときは、我は死んだと思ってくれ」と妻にいい残していた。常四郎は、そのとおり峠で自刃し、妻も跡を追った。

国産奉行河原《かわはら》善左衛門、国産奉行副役大野英馬、善左衛門の弟岩次郎、長男勝太郎ら一族三十人は滝沢村の八幡宮の社前で、敵と遭遇した。善左衛門は槍を手に飛び出したが、たちまち銃撃され、英馬と岩次郎も撃ち殺された。

激戦となった甲賀町の郭門

家老の田中土佐は郭門に陣どった。屋敷から畳を運ばせ、胸壁を築こうとしたが、敵の銃弾は畳をなんなく貫通した。そこで門柱や石柱に身を隠し、あるいは土塀の上から射撃したが、押されるばかりで、五ノ丁《ちょう》の土屋一庵《いちあん》の屋敷に逃れると、そこに同じ家老の神保内蔵助が避難していた。二人は不運を嘆き、「もはやこれまで」と刺し違えた。

六十七歳の歌人野矢常方《つねかた》は桂林寺《けいりんじ》町《まち》口の郭門を守り、最後まで一人踏みとどまり、槍で敵兵を突き伏せ、銃殺された。甲賀町郭門を守った七十四歳の佐藤与左衛門も槍で敵兵を突き、銃撃された。これを見た孫の勝之助が槍で突進し、撃ち殺された。

丸山弥次右衛門六十三歳も、槍を振って突進した。

「白髪禿顱《はくはつとくろ》（禿頭）、槍を揮《ふる》って死する者多し」

と『会津戊辰戦史』にあるように、実に惨憺《さんたん》たる戦いだった。

短刀で喉を突く

婦女子の殉難も多かった。これも多くは軍事局の判断ミスによるものだった。

沼沢小八郎の母道子五十二歳は、姑《しゅうとめ》の貞子が八十六歳で歩けないため城に入るのが遅れ、そのうち敵の先鋒部隊に遭遇し、一緒に付き添った男手が銃撃された。やむをえず自宅に戻り、親戚の男子栄之進十二歳に、「小八郎に今日のことを告げよ」と命じ、家に火を放ち、貞子の喉を突き、娘のゆや子、すか子とともに刺し違えて自刃した。

国産奉行河原善左衛門の妻あさ子は、白衣をつけ、白布で鉢巻きをしめ、夫善左衛門の母菊子、長女国子八歳、親戚の娘二人を連れて薙刀《なぎなた》を手に城に向かった。しかし敵は目の前に迫っており銃弾雨飛で、城に近づけず、河原町《かわらまち》口の郭門に近い石塚観音の祠《ほこら》で立ち往生した。いたるところ大混雑で動けなかった。そのとき義母菊子が「もはや城には入れない」とやおら短刀で喉《のど》を突いた。

あさ子は驚いて短刀を抜いたが、義母は息も絶え絶えで、「早く介錯《かいしゃく》せよ」と叫ぶので、

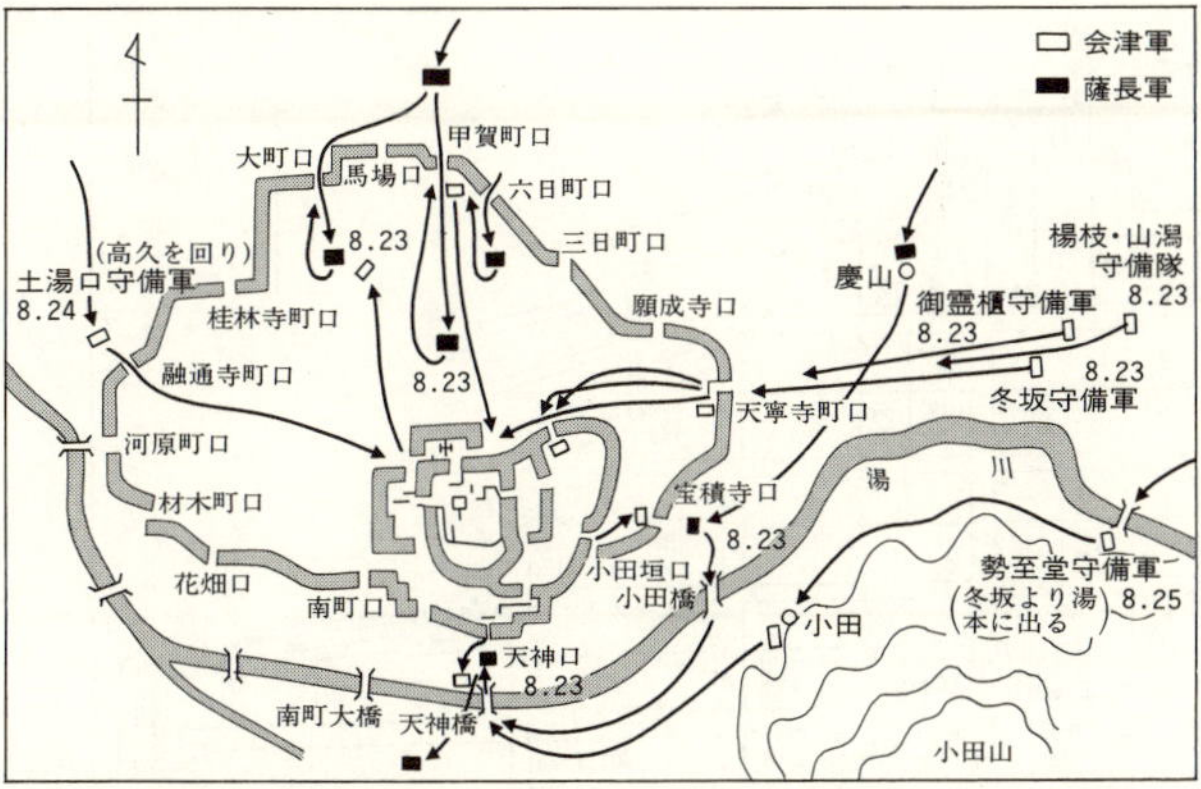

8月23日城下戦の経過

心を鬼にして介錯し、娘の国子に「敵兵に殺されるよりは、母の手にかかり、祖母と一緒にあの世にいくべし」といって首を刎《は》ね、二人の首を衣装に包み、従者に大窪《おおくぼ》山の墓地に葬るように命じ、薙刀を手に城に向かって突進した。あさ子は幸い讃岐《さぬき》門にたどり着き、入城することができた。

避難がもっと早く行われていれば、娘の国子まで殺すことはなかった。婦女子の殉難は美談ではなく、的確な判断を欠いた会津藩軍事局の失態の面もあった。

朱雀士中隊中隊頭の永井左京は越後の戦闘で左腕に負傷し、自宅で療養していた。

永井は長男尚千代十五歳を城に向かわせたあと、母つる子六十二歳、妻すみ子三十歳、姉やゑ子三十八歳、長女ふぢ子十四歳、二男英吉十三歳、三男某八歳を集め、「余、傷を負い、国家存亡の秋《とき》

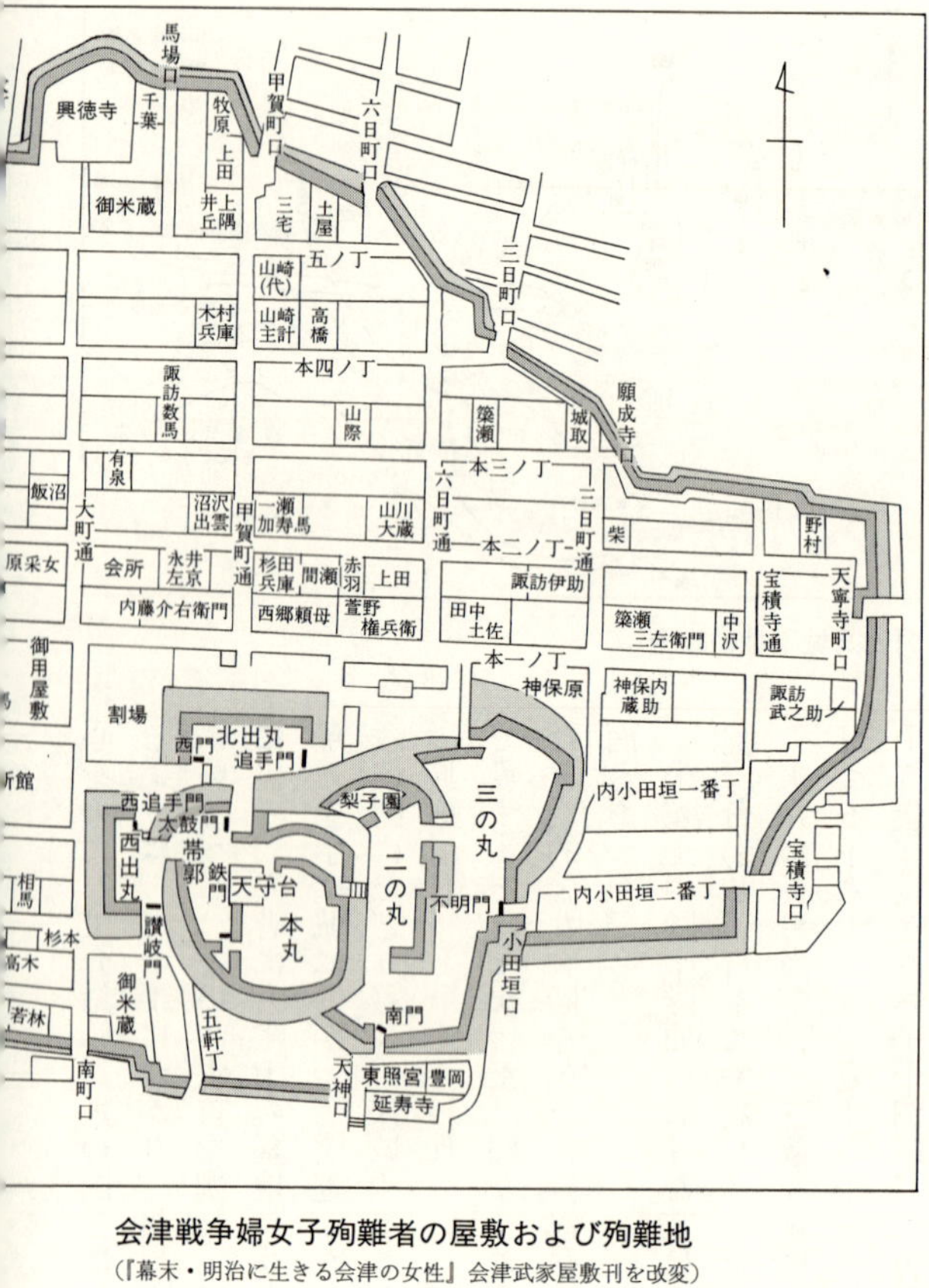

会津戦争婦女子殉難者の屋敷および殉難地

（『幕末・明治に生きる会津の女性』会津武家屋敷刊を改変）

にさいし、戦うことができぬのは終天の遺憾なり」と、家族全員を介錯し、家に火を放った。これも突然の敵侵攻による咄嗟の心中だった。事前に避難していれば、この悲劇も避けられたはずだった。

幼少寄合組中隊頭井上丘隅《おかずみ》は滝沢口の戦いに敗れ、甲賀町郭門で戦ったが、防ぎ切れず自宅に戻った。娘の雪子を嫁ぎ先に帰したあと、妻とめ子五十二歳、長女ちか子三十一歳とともに自刃して果てた。幼少組については山川健次郎が『男爵山川先生遺稿』で「幼少組隊員数詳《つまびらか》ならず、ただし極めて少数なりしならん」と述べている。

軍事奉行添役柴太一郎の一家は男たちが皆、戦場に出ていた。太一郎が越後、下の弟謙助二十五歳は宇都宮周辺の戦闘で命を落とし、三弟五三郎は国境の守りにつき、四弟茂四郎《もしろう》

（四朗）は病がちで家にいた。母成峠が破られたことを知った母ふじ子は、茂四郎を叱咤して城に送り出し、五弟の五郎を近在の面川村《おもがわ》に避難させた。このとき祖母は「黄泉《よみ》にありて汝の来るのを待つ」と茂四郎に別れの言葉を述べた。

敵が攻め込んでくるや家族は仏前に集まり、祖母つね子八十一歳、母ふじ子五十歳、妻とく子二十歳、妹そゑ子十九歳、妹さつ子七歳が、そろって自刃した。

覚悟の自殺であった。面川村に避難した五郎が後年『会津人柴五郎の遺書』を記し、「懊《おう》悩流涕《のうりゆうてい》やむことなし」と書き綴《つづ》った。

江戸詰め武具役人野中此右衛門は久しく病にかかり臥せっていた。妻子を病床に呼び、「弾丸を蓄えて万一に備えたり。これを撃ち尽くさざれば死せず」といい、妻子六人を介錯し、家に火を放ち、敵前に向かい、弾丸を撃ち尽くしたあと屠腹した。長男六郎はまだ八歳だった。

田中土佐と神保内蔵助が早々に自刃したのは、会津藩軍事局混乱の責任をとったと見るのが自然であろう。

殉難の碑

この日、城下はおびただしい殉難者の数だった。

『会津戊辰戦史』に二十三日の殉難者の名簿が記載されている。
石川作治母やえ五十九歳、槻木町《つきのき》自宅自刃
石川又右衛門妻某、院内《いんない》自刃
蛯川貞母某、自宅自刃
西村伴蔵妻某、自刃
諸生組頭小山田伝四郎母しん六十八歳、妻なみ四十五歳、女みね三十歳、五ノ丁邸で父多門八十歳とともに自刃
青龍三番足軽小隊頭大竹勝左衛門長男儀八六歳、妻いく二十六歳、姉やゑ三十五歳、日新館において自刃
青龍三番足軽半隊頭小沢八弥母つや七十歳、三男直五郎三歳、長女すみ十歳、二女まさ六歳、自宅自刃
軍事方岡田又五郎妻きの三十五歳、自宅自刃
太田貞蔵母某五十二歳、自刃
若林源蔵伯母みわ五十五歳、米代《よねだい》四ノ丁《ちょう》自宅自刃
垣見幾五郎母ひさ六十四歳、願成就寺前《がんじょうじゆじまえ》自宅自刃
与力岡本丈助妻ゆう四十歳、二男友彦十歳、女よん十四歳、台ノ町自宅自刃

多賀谷勝之進曾祖母まき、母しげ、叔母やす、きい、りせ、弟政五郎十二歳、五七郎七歳、本二ノ丁自邸自刃

一柳伊右衛門母某七十四歳、多賀谷邸自刃

遊軍寄合組組頭安藤物集馬姉ひさ四十七歳、多賀谷邸自刃

玄武士中隊半隊頭高木助三郎妻るい四十八歳、嫁やい二十一歳、女某十四歳、孫はつ二歳、郭内諏訪《すわ》社自刃

台所目付《めつけ》田村佐次郎妻ちよ四十六歳、本一ノ丁割場《わりば》内自刃

地方《じかた》家人頭《けにんがしら》相馬直登妹とい四十歳、米代三ノ丁自邸自刃

高橋茂三郎妻某、蟹川渡場《かにかわわたしば》

高橋喜助嫁某、孫女七歳、飯寺《にいでら》河原

高畑徳三郎母みつ五十二歳、六日町自宅前

前家老北原采女母きよ六十三歳、西郷刑部邸自刃

芥川十蔵妻とゑ五十一歳、嫁某、姉某、西郷刑部邸自刃

朱雀二番士中隊田中蔵人隊甲士柴太助母しを四十六歳、妻ひさ十九歳、女つね二歳、本三ノ丁自邸自刃

島田覚四郎女某、自邸自刃

山崎半蔵妻きよ四十八歳、傷翌日死
誠志隊小隊頭樋口友衛母きよ、花畠《はなばたけ》自宅自刃
守屋岡右衛門妻とり五十歳、博労《ばくろう》町自宅自刃
進撃小室隊二瓶陶五郎母某、自宅自刃
猪俣与吉母、湯本道にて中弾
青龍三番士中木本隊甲士上遠野常五郎妻某、本三ノ丁中弾
熊谷治兵衛妻りよ四十六歳、用屋敷裏門前傷、後城中に死、長男長助十三歳、四男熊之助八歳、同門前に死、三男三郎も同所に死すと説あり
深田金八母某、蟹川渡場
深田保弘母つね三十三歳、蟹川渡場
土屋鉄之助姉かね五十歳（坂井清八妻ならんという）、蟹川渡場
東海林勇吉母ふさ子追手《おうて》前傷、十月中幕《まく》ノ内《うち》にて死
青龍一番足軽隊中隊頭鈴木式部祖母さの五十八歳、小松《こまつ》渡場
吉村左次右衛門嫁きの十九歳、鳥居《とりい》町自宅前中弾
高木久之進（あるいは房之進）姉某二十二歳、本二ノ丁下中弾
山田信蔵祖母某九十余歳、手明《てあき》町中弾

青龍一番士中隊中隊頭有賀惣左衛門妻ひで二十七歳、女うら一歳、諏訪社内自刃
石山源之進母げん、本二ノ丁または甲賀町通
用所密事庄司勇助妻こと十九歳、甲賀町通中弾
樋口久馬祖母某、三ノ丸中弾
中島忠次郎母えつ五十四歳、用屋敷門前傷、後軽井沢《かるいざわ》にて死
鈴木辰吉祖母某、甲賀町中弾

中弾とは被弾のことである。逃げる途中、何人もの老女が銃撃された。繰り返しになるが、これは日本女性の鑑《かがみ》というよりは、人災だった。

薩摩の伊藤祐徳は、少し遅れて二十四日の午後、会津若松に入ったが、湯本口の家中屋敷で、野中正兵衛が家族七人を殺害し、本人も屠腹し、死に切れず苦悶《くもん》しているのを見つけた。「愍然《びんぜん》に候」と伊藤もあわれんでいる。

菓子を口に瞑目

家中の婦女子の殉難は身分にまったく関係なく、一瞬の差で生と死が分かれた。家老内藤介右衛門の両親がそうだった。二人は政務担当家老梶原平馬の実の親でもあった。

父内藤信順《のぶより》は妻子、臣僕と上田八郎右衛門の父伊閑とともに城に入ろうとしたが、すでに城門は閉まっていた。このため内藤の一族は菩提寺《ぼだいじ》である面川村の泰雲寺《たいうんじ》に向かった。

避難の遅れが招いた悲劇だった。

信順は介右衛門の妻つや子に「介右衛門は城中にあり、汝は二子を連れて敵を避け、夫の消息を待つべし」といった。つや子は泣いて一緒に死にたいといったが、信順が許さず、つや子は長男の英馬と長女のひさ子を連れて寺を出たが、城下は火炎があがっており、途方にくれて、また寺に戻った。つや子は元家老簗瀬三左衛門の二女であった。

もはやこれまでと、信順は嫁と孫たちを斬り、妻のもと子五十八歳と娘たちの四人を斬り、自害して果てた。孫の英馬三歳は口に菓子をくわえ瞑目《めいもく》して斬られ、寺の人々の涙を誘った。

上田伊閑と妻のしげ子五十八歳、八郎右衛門の妻、子供たちも列座して鶴ヶ城を仰ぎ自害した。ただ一人、介右衛門の次男文彦だけは、乳母の懐に抱かれて逃れた。

家老梶原平馬にして親を救うことができなかった。

土佐藩兵が、いくつかの目撃証言を残している。

「諏訪神社前に女子老若八人自刃して死す。大町《おおまち》口一丁ばかりのところに立派な装いの婦人輿中《こしなか》に屍《たお》れたり」（小松謙吉筆記）

「善右衛門なるもの官軍、城に迫りしとき、母及び妻の首を切り、携えて城に入れり。中野某の妻その夫、城に入り老若身をまとい、如何《いかん》ともすべきなし。ついに手ずから六人を殺し、稚児を抱き池水に投じて死す」（北代六右衛門筆記）

会津と土佐はかつて友好関係にあり、あまりのむごさに皆、目をおおった。

手代木喜与の場合

紙一重で生き永らえた家族もいた。

重臣の一人、手代木直右衛門《てしろぎすぐえもん》の妻、喜与《きよ》は敵侵入の知らせに夫と嫡男、若党三人、下僕一人の六人を城に送りだし、母七十歳、長女十一歳、次女八歳、三女三歳の四人の手を引いて外に出た。下女一人、下男二人も一緒だった。

もしもの場合は、家老内藤家を訪ね、同行することにしていたが、内藤家まではとても行けそうにない。夫は生きることが大事と日頃いっていたので、喜与は知り合いの鍛冶屋敷村《かじやしき》の伝蔵の家に向かうことを決めた。この判断が自害した他の家とは大きく違っていた。内藤家に行っていれば、自害が避けられなかった。

喜与は腰に大小を差し、敵の狼藉《ろうぜき》に遭ったときは、斬り結ぶ覚悟だった。

大雨のなか、深田のような泥道をどうにか伝蔵の家にたどり着いた。

敵が捜索を始めたというので、そこから喜多方《きたかた》在の栄吉の家に逃れ、さらに奥に入った栄吉の母の家に避難した。栄吉は家に出入りしている大工だった。

そのうちに「会津藩に縁故の者を泊めるときは、一族従類で誅すべし」と薩長軍から布告が流れ、武士の家族には便宜をはかってもらえなくなった。

家族は放浪の身となり、一日歩いても泊まるところがなく、二人の娘は「いつ殺されるのでしょう」とおびえた。そのとき喜与は「未練がましい挙動をしては、父上の名を汚す」と気丈にいった。

それからも転々と山奥の村を歩く日々だった。農家の人は皆、怖がって一日しか泊めてくれなかった。もはや死ぬしかないと思ったとき、熱塩加納《あつしおかのう》（耶麻郡熱塩加納村）の山道で親切な老人に出会った。山奥の柴刈小屋を使ってもよいといってくれた。広さが八畳ぐらい、筵を敷いた粗末な小屋だったが、子供は大喜びだった。老人の家族はいい人ばかりで、豆、芋、ご飯も振る舞われ、降伏の日までこの周辺に住むことができた。

城に入った家族も命がけだったが、避難した家族も落人《おちうど》さながらの惨めなものだった。しかし喜与は気丈な性格が幸いして、母と三人の娘を守り通した。これも「死んではならん」という夫、手代木直右衛門の言葉が支えになっていた。

会津の女性がすべて死を選ぶよう教育されていたわけではない。一家の主人や妻の考え方いかんであった。

猛火の野戦病院

敵が侵入したとき、鶴ヶ城西出丸のそばにある日新館野戦病院でも大惨事が起こっていた。このとき越後に出兵した少年兵遠藤平太は、父を看病して野戦病院にいた。

父虎之助は、西洋医松本良順《りょうじゅん》の執刀で、左腕の切断手術を受け、治療を受けていた。薬もなく瀕死《ひんし》の重傷であった。そこに母成峠破れるの知らせが入った。

城下は騒然となり、「騎馬の兵士、東奔西走、南北へ馳《は》せ巡り、動揺はなはだし」という具合だった。しかし病人に避難命令はなかった。

運命の二十三日早朝、突然の敵襲で病院は大混乱に陥った。

「大小砲をうち放す音、山林に響き渡り、吶喊《とっかん》声定かに聞こえ、物凄し」

平太はこう記述した。そのうち滝沢《たきざわ》町辺りに兵火が起こり、町は大山がくずれ落ちるような騒ぎとなり、市内数か所に火災が発生した。

「父はこの期に至ってはいかんとも施す術《すべ》なし、速やかに我が首を斬り、老母とともに寸刻も早くここを立ち退くべし」と平太に厳命したが、それはできない。助ける人は誰もいない。

平太は父を背負い、看病していた祖母と一緒に病院を出た。どこも大混乱であった。

「連日の霖雨《りんう》で、街路の泥濘腿《ぬかるみもも》まで入り、加えて跣足《はだし》なので、困苦はなはだしかった。長岡落城の節、城下の市民および士族の子女が、各方面の知人を頼りに老人を背負い、幼児の手を引き、霖雨中を雨具もなく濡れ、疾駆する有様は哀傷の極みだったが、今、我が身のことになり、惨痛たる気持ちだった」

平太はこのときのことをこう記している。

平太は十六歳の少年である。大の男を背負ったので、十歩歩いては休み、二十歩歩いては息をつき、ようやく米代一ノ丁まで来たところ、小銃を携え、泥土を肩まで跳ね上げた兵が、側《そば》近くに寄って、「見れば病人の様子、少年では連行は困難であろう。及ばずながらお手伝い申す」と虎之助を背負ってくれた。

湯《ゆ》川の橋をようやく渡り、振り返ると、砲声が轟々《ごうごう》と天地に響き、身の毛もよだつ思いだった。

平太は母の実家に父をかつぎ込んだが、父は恐怖のあまり錯乱状態になり、「敵を斬れ」と叫びながら翌日、悶死《もんし》した。

平太はこの日を境に、戦場に戻ることはなかった。

日新館野戦病院の入院患者で避難できたのはごくわずかで、大半は自殺するか、焼け死ぬしかなかった。野戦病院は平太の脱出後、猛火に包まれた。手足が多少なりとも動く患者は、はい出して濠に身を投げ、身動きできぬ者は短剣で首を突き、焼け死んだ。

のちに平太が聞き合わせて分かったもので、平太が調べなければ、この事実は闇から闇に葬られるところだった。平太はのちに、この戦争を厳しく批判した。

「かくのごとく悲痛凄惨《せいさん》な憂き目を見たのは、先見の明なく、無智短才《むちたんさい》の致すところであり、感慨無量の次第なり」

会津藩が西洋医松本良順を招いて野戦病院を開いたこと自体は、きわめて人道的なことであった。会津各地から漢方医を集めて講習会も開き、外科学の講義と治療法も伝授した。看護のために婦女子も動員し、懸命に治療に当たった。怪我人は前線からここに転送され、治癒してまた戦場に出た者もいた。それだけに国境を破られた段階で、病院だけはいち早く郊外に移転させるべきであった。それを行わなかったことが、せっかくの施策を台無しにした。

三　決死の抗戦

城内の光景

このとき城内はどうなっていたのか。

主君容保が城に飛び込んだとき、梶原平馬、北原采女、簗瀬三左衛門、高橋外記、山崎小助らが城内にいた。重臣たちは黒金門《くろがね》(鉄門《くろがね》)に詰め、簗瀬は黒地に金泥《きんでい》で八幡大神の四文字を書き記した陣羽織を着用し、陣刀、副刀、短刀を帯び、異彩を放ち、声を枯らして走り回っていた。城に残るのは五十歳以上の老兵、薙刀を手に入城した婦女子と水戸の応援部隊二百人ほどにすぎない。

「諸士の黒金門に来たり藩相梶原平馬について建議する者、あるいは子女の進撃を請う者陸続相続《あいつ》ぐ」

と『会津戊辰戦史』にあるように、会津藩最大の危機に立ったとき、皆が指揮を託したのは老臣の北原采女でも簗瀬三左衛門でもなく、二十代半ばの梶原平馬だった。

梶原は京都時代からその力量を高く評価されていた。仙台、米沢、新潟に飛び、奥羽越列藩同盟の設立に尽力し、ここまで抗戦を続けた功績は大きかった。ただ戦闘の経験はなかった。

しかし、この場合、戦闘経験の有無は問題外だった。今、必要なのは敵兵を城内に入れず、防ぎ切ることだった。

にわかに実戦の指揮をとることになった梶原の心中は、動転を抑えることで精一杯だったに違いない。何分にもすべてが手遅れであり、このまま敵に押し込まれれば、もはや落城であった。

国境に敵が迫ったとき、軍事奉行の一人、飯田兵左衛門は城外の米を城中に運び非常事態に備えるよう建議したが、俗吏がこれを不祥な言とし、飯田は降格された。

副食物もなにもない。履物の草鞋《わらじ》、衣服、ことごとくなかった。

そうしたなかで、老人も少年も銃をとって城壁にしがみつき、攻め寄せる敵に銃弾を浴びせ、銃のない者は槍を手に突撃した。

土佐藩の記録『山内豊範家記《とよのりかき》』にこの日の会津藩の必死の抗戦が記述されている。

「諸藩列を正し、一時に若松に入る。ついに外郭を奪い、本城に迫る。城兵また死守奮闘、砲銃の声、万雷のごとく、煙焰《えんえん》天をおおい、ほとんど白日を見ず。我が兵、追手《おうて》ならびに追手の右脇より進み、城門に迫りて激戦す、賊、よく禦《ふせ》ぐ、我が兵死傷はなはだ多し、大総督府軍監牧野群馬、三番隊長小笠原謙吉死、板垣命令を下し、湯川の上に出て城の搦《から》め手を試撃せしむ。城兵突出防戦す、兵半ば槍隊、しかれども皆決死勇闘、勢いはなはだ激しく、我が兵死傷少なからず、ついに兵を収めて本陣に帰り、敵の景況を報ず」

一気に攻め込んだ土佐兵だったが、会津軍の決死の抗戦で、指揮官に戦死者が続出し、退却せざるを得なかった。もし会津藩が籠城戦に備え、十分な防備を施していれば、敵はさらにひどい打撃を受けたに違いなかった。

この日、槍を手に出撃した荒川類右衛門の『明治日誌』に留守部隊の凄さが描かれている。

類右衛門は甲賀町郭門で敵を防ごうとしたが防ぎ切れず、城に飛び込んだ。城中は閑散としていて人影がなかった。黒金門に向かうと、主君容保を囲んで重臣たちと小姓、坊主がいた。天神口《てんじん》が危ないというので、類右衛門ら三十八人でにわかに隊を編制した。

二十人ほどが鉄砲を携え、類右衛門ら残りが槍を持った。

主君容保からお流れを頂戴し、鬨《とき》の声をあげて城外に討って出た。

一同、屍《かばね》を乗り越え、喚《わめ》き叫んで、がむしゃらに突進した。気がつくと早くも二十余人が銃弾を浴びて殺され、慌てて郭内の屋敷に飛び込んだ。敵は雲霞《うんか》のごとく攻め寄せ、一人、また一人と撃たれ、もはや自刃しかないと諦《あきら》めた。そのとき隊長の山浦鉄四郎が城に戻って戦おうと叫び、匍匐《ほふく》して裏門に向かい、ようやく城に戻ることができた。

戻れたのは十数人。五割近い戦死率である。生きて帰ったことが不思議だった。

男装して城に入る

婦女子も続々入城した。

砲術師範役山本覚馬《かくま》の妹八重子は、男装し、両刀をたばさみ元込め七連発銃をかついで城に入った。衣装は鳥羽伏見の戦いで戦死した弟三郎のもので、弟の仇討《あだう》ちの覚悟だった。本丸に向かうと大勢の女中が主君容保の義姉照姫《てるひめ》を警護していた。皆、懐剣をもって城を枕に

入城する山本八重子像
（会津武家屋敷蔵）

殉死する覚悟だった。

照姫は重臣の妻女に、籠城のさいは自分の周囲に集まるよう指示を出していた。どの範囲までかは分からないが、これは立派な指示であり、もたついた男子にくらべると、会津藩は女子のほうがましだった。

八重子は男たちに混じって城壁から敵を銃撃した。

山川操《みさお》の手記『十七歳にて会津籠城中に実験せし苦心』も迫真に満ちている。

操の家では、早くから籠城を決めていた。当主の大蔵は日光口の大将で、帰城するや籠城戦の軍事総督を務める人物である。操の家では使用人の男女に欲しいものがあればなんでも持っていけといい、炊いたご飯を櫃《ひつ》に入れて、真っ直ぐ城に入った。

一瞬、入城を躊躇《ちゅうちょ》した者は入れず、自害する羽目になったが、操の家族は行動が早かったので、すんなり城に入ることができた。

操はすぐ炊事を始めた。大きな釜を並べて順番に飯を炊き、それをむすびにして兵に配った。炊きたてのご飯なので、熱くて熱くて手の皮がむけそうだった。一つむすんでは水に手をつけ、またむすんだ。水に落ちたご飯は粥《かゆ》にして負傷者に与え、黒焦げの部分や土に落ちたものは女たちが食べた。

怪我人の手当ても女たちの仕事だった。着物を裂いて包帯をつくり、傷口に巻きつけた。城もつぶれんばかりの大砲の音が響いたと思うと、血だらけの怪我人が次々に運ばれてくる。医者は少しいたが、薬はまったくなく、ただ慰めの言葉をかけるしかなかった。はじめ怪我人を畳の上に寝かせたが、弾よけに使うので畳はなくなり、床板の上に寝かせた。布団はなく怪我人は女たちの着物を羽織って唸《うな》っていた。

怪我人は「看護人さん水を飲ませてください」と皆、苦しそうにうめいた。弾丸飛び交うなか、女たちは井戸から水を汲み、与えたが、怪我人のなかには火傷《やけど》で全身の皮がむけた人もいた。操はいつ死んでもいいと思い、最後は突撃するつもりだったので、刀を肌身離さず持ち歩いていた。

女たちの活躍が、どれほど男たちを勇気づけたか。照姫は男勝りの性格で、容保以上にてきぱきと指示を下し、よく統制がとれていた。

婦女子のなかには城外で戦った人々もいた。

依田《よだ》まき子、菊子の姉妹は京都からの引き上げ組である。姉まき子の夫が鳥羽伏見で戦死したので、薙刀を習い、雪辱に燃えていた。

滝沢峠が破られ、銃砲弾が飛んでくると、まき子姉妹は身支度をして薙刀を持ち、刀も持てるだけ持って城に入ろうと家を出た。途中で商家の福原喜左衛門の家に立ち寄り、握り飯をもらって食べ、長い髪では駄目だというので、二人は髪を斬髪《ざんぎり》に切った。

それから城門に行くと、すでに閉まっていた。仕方なく引き返すと、中野竹子の一族に出会った。母子姉妹三人である。そこへ岡村ます子もやってきた。自然発生的に婦女子の隊ができあがり、城外で戦うことになった。

中野竹子の母こう子は四十四歳、以下依田まき子三十五歳、岡村ます子三十歳、中野竹子二十二歳の順で、依田菊子は十八歳、中野優子は十六歳だった。そこへ侍が来て「照姫さまが坂下《ばんげ》に向かった」といった。

坂下（河沼郡会津坂下町）は会津若松の郊外、越後街道の宿場である。それでは坂下に行って照姫さまを守ろうと、皆で坂下に向かった。ところがこの情報は間違いで、照姫は坂下にはおらず、女たちはやむをえず坂下の法界寺《ほうかいじ》で一夜を過ごした。翌日、近くの高瀬《たかせ》村（会津若松市）にいた家老の萱野権兵衛のもとへ行き、戦争に加えてほしいと懇願した。

ならば衝鋒隊と共に戦うべしということになり、皆大いに喜んだ。その夜、中野竹子が母親とひそひそ話をしていた。菊子が聞き耳を立てると、下の娘の優子を殺す相談だった。この家族は皆美人で、特に優子は目のさめるような乙女だった。敵の手にかかるよりはいっそのこと殺してしまおうと相談していた。

菊子と姉が飛び起きて、やめさせた。

翌日、女たちは皆男装し、用意の白羽二重《はぶたえ》を鉢巻きにして短い兵児帯《へこおび》に裾をくくる義経袴《よしつねばかま》をはき、大小刀をたばさみ、薙刀を持って出陣した。中野こう子は鼠がかった黒、岡村ます子も鼠、まき子は浅黄《あさぎ》がかった着物、中野竹子は青みがかった縮緬《ちりめん》、優子は紫縮緬、菊子は小豆色の縮緬を身にまとった。

男装をしていても、女性であることは一目瞭然だった。

途中、農家に立ち寄ると、女たちは誰もいなかった。

「怖がることがありますか。敵が来たら薙刀で殺してやる」

と菊子がいうと農夫が喜んで、食べ物を出してくれた。明日死ぬかもしれないと思い、懐の金は農家の人々に配った。

夕方、会津若松城下の西、柳橋（別称涙橋）で激しい戦いになった。敵の銃撃はもの凄く、たちまち中野竹子が顔に銃弾を受け、息絶えた。敵とわたり合いながら優子が必死に介錯し、白羽二重に首級を包み、やっと逃れた。それから二、三日、女性たちは、この周辺での戦闘に加わってから城に入り、降伏の日まで血まみれになって働いた。

会津では娘子軍《じょうしぐん》と呼ぶ、依田姉妹らの奮戦は、会津女性の勇武を示す見事なものだった。

城内の激論

二十三日夕刻から続々、国境の兵士が戻り、城内に活気が戻りつつあった。

そのなかに内藤介右衛門に所属する砲兵隊の藤沢正啓もいた。藤沢らは他に先がけて帰城し、ただちに城に入ろうと天寧寺町《てんねいじまち》口や小田垣《おだがき》口から城に向かった。しかし、たちまち銃撃され、歴戦の勇士だった隊長の小原宇右衛門が三の丸の下で倒れた。

戦わずしての無念の戦死だった。藤沢は隊長の屍を乗り越え城内に入ると、「城内、白米なく玄米を食す、砲撃の弾丸飛び来たること、昼夜やむことなし、兵火のために昼なお暗し」という状況になっていた。しかし士気は高く、連日、夜襲に兵士が出ていった。

新練隊頭土屋鉄之助も農兵二百五十人を連れて、城に戻ってきた。土屋は大平方面羽鳥村に向かう途中で砲声を聞き、引き返した。遊軍寄合組隊組頭蘆沢生太郎は兵八十余人を率い、中地村から引き返し、天神口から城に入った。朱雀二番士中隊中隊頭田中蔵人は飯寺村から三十七人を率いて城に戻った。こうした人々の帰城で城の防備はなんとか補強することができた。

しかし、主力部隊は入城できず、大平口の陣将原田対馬《つしま》の軍は湯本にとどまっていた。朱雀三番士中隊、青龍二番士中隊、朱雀三番足軽隊、奇正隊、砲兵隊など数百である。軍事奉行神尾織部、幌役斎藤官蔵ら参謀の姿もあった。勢至堂口と中地口に配備された陣将内藤介右衛門率いる本隊も湯本に戻ってきた。青龍一番士中隊、青龍三番足軽隊、朱雀寄合組中隊、玄武足軽隊、勇義隊、義集隊、会義隊などの精鋭である。軍事奉行倉沢右兵衛、幌役生駒初太郎らも内藤に寄り添っていた。両軍あわせて兵力は一千余、二つの軍は国境の主力部隊であり、籠城の人々を勇気づけた。

両軍は二十五日、敵を北に誘い、その隙に三の丸から入城することに成功した。これで籠城戦の態勢がなんとか整ったが、まだ一枚岩ではなかった。

家族の命を絶って入城した西郷頼母がまたしても火をつけた。

二十三日、西郷は家族に自刃を求め、男子吉十郎一人を連れて入城した。それは、謹慎、閉門という処断を下した主君に対する面当てだったのか、解釈は困難だが、城に入った西郷は一段と激昂しており、主君も重臣も腹を切れと叫び続けた。

西郷の家では母の律子《りつこ》五十八歳、妻千重子《ちえこ》三十四歳、妹眉寿子《みすこ》二十六歳、妹由布子《ゆうこ》二十三歳、長女細布子《たいこ》十六歳、二女瀑布子《たきこ》十三歳、三女田鶴子《たづこ》九歳、四女常盤子《とわこ》四歳、五女季子《すえこ》二歳の九人が自刃していた。閉門の身である西郷にとって、家族の入城はありえぬことだった。しかし郊外に逃す方法もあっただろう。この惨事は、敵、味方が何人も目撃していた。西郷の屋敷は血で染まっており、人々は目をそむけた。

史家相田泰三の「維新史雑感」（『会津会会報』77号、一九七〇）に、このときの重臣たちの動向が記述されている。帰城した内藤介右衛門と原田対馬が主君に拝謁し、下がって休憩していると老臣の山川兵衛が「この城は保ちにくい、城に火を放ち、主君も自害することになった、これは西郷どのの発議である」といった。西郷の怒りに重臣たちは圧倒されていたのである。

しかし、内藤らは「そのようなことは、まだ早い」といって西郷の言い分に反対し、主君の自害などとんでもないとはねつけた。

続いて二十六日、日光口から山川の孫山川大蔵が彼岸獅子《ひがんじし》の楽隊を先頭に堂々と帰城したことで城内の空気が一変し、二十七日朝、太鼓門の東土手の稲荷神社前で軍議が開かれた。

梶原平馬、内藤介右衛門、原田対馬、山川大蔵、佐川官兵衛、海老名郡治と軍事方の伊東左太夫、鈴木駒之助が会し、西郷は自制心を失っているとして、軍議から外された。

梶原平馬が軍議を仕切り、冒頭、次のようにいった。

「この城は保ちがたい。ゆえに主君と喜徳《のぶのり》公は米沢に逃れ給うて、恢復《かいふく》をはかりたい。城を出るさいは海老名を先頭とし、梶原、内藤、山川は主君の左右に従い、原田が殿《しんがり》を守り、佐川は城内で留守すると致す。諸君の考えを問う」

皆、顔を見合わせて黙った。

梶原は立ち上がって別室に原田を招き、

「海老名は脱出するやもしれぬ。そこで海老名を先鋒とした。貴殿は大任である。勉強を乞う」

といった。原田は、

「佐川は百戦の老練である。彼を殿とし、不肖私が留守に任ぜん」

と答えた。梶原は黙って席に戻り、今度は、

「城内の婦女子の首は斬る」

といった。

これを聞いて原田が反論に転じた。

「婦女子も決死籠城、今日に至った。いまその理由も告げずに首を刎ねるのは、不義不徳の至りではないか。ことに主君の侍妾二人は懐妊と聞く。よくその理由を告げて諭し、敵の手にかかって死するよりは、いま自決せよと命じたならば、必ず甘んじて死に就くであろう。そのとき介錯すべきであって、いま首を刎ねることは絶対不可である。かつ米沢藩は国を鎖して入国させぬかもしれぬ、主君が城を出たことを敵が知れば、敵は四方から攻撃せん、むしろ城を枕にし給うの潔《いさぎよ》しにしかず」

原田の言い分は正論だった。

誰も異議を唱える者はいなかった。梶原も口を閉ざした。

この夜、黒金門で、再度、会議が開かれた。その席で佐川が怒りを爆発させた。「はじめから我らのみを先鋒として戦わしめ、いままた城内で捨て殺しにするのか、兄ら代々高禄を食みながら、一度たりとも戦わぬ。この任は兄らの任にあらずや」

佐川は梶原に不満を叩きつけた。梶原は梶原で、佐川の戦法に不満を抱いていた。何らすことなく敵を城下に入れたことが不快だった。

二人の確執がついに表面化した。勝てばこのような内部分裂もなかったが、落城の危機が迫るなかで、上層部は統一のとれない事態になっていた。

原田対馬という男

この騒動を収めたのは原田対馬だった。相田泰三の記述は続く。

「今日の議、主君を煩《わずら》わすのは恐れいる。退いて天守閣で議せん」

原田がいい、皆は天守閣に移動した。そのとき原田は佐川だけを残し、「兄は何のためにあのような言を発せしや、不肖原田が兄とともにこの任を奉ぜん、脱走せんと欲する者はその意に任せ、念とすることなかれ、ただ両公が城を出給うことは、難しきことなり」と佐川をさとし、城を出ることに反対した。

「我れ大いにあやまてり」

佐川はいい、天守閣の軍議では、一言も発せず、眠ったふりをしていた。原田の毅然《きぜん》とした反対論で脱出は沙汰《さた》やみとなり、会津藩首脳は一致して籠城戦に入ることになった。脱出を主張した梶原の真意はどこにあったか、また容保の腹のうちはどうだったのか、これはよく分からないが、梶原が団結を固めるために、皆の心を天秤《てんびん》にかけた可能性も捨て切れない。

もし容保が脱出していたら、鳥羽伏見の二の舞になり、容保の評価はさらに低くなったであろうが、皆が覚悟を決めたので、あとは決死抗戦しかなかった。

一連の軍議で主導権をとった原田対馬は謎に満ちた人物である。会津藩士を記述した『三百藩家臣人名事典』、『若松市史』の市内人物伝、さらには『幕末会津志士伝稿本』、どれを見ても記述がない。

わずかに『会津戊辰戦史』に大平口の陣将であり、籠城戦のさい、家老に昇進したことが記述され、『慶応年間会津藩士人名録』に番頭八百石とあり、『会津藩執政年表』に原田対馬種龍とあるだけである。もう一つ残っているのは明治六年（一八七三）撮影といわれる原田対馬の写真である。

容保を囲む旧臣たちの写真で、腰掛けに座った中央の人物は容保である。その前にいる老

容保を囲む旧重臣たち（前列右から二人目が原田対馬。明治６年ころ）（『日本の肖像』毎日新聞社刊）

人は簗瀬三左衛門である。その右隣、端正な顔の人物が原田である。小柄だが、気が強そうな風貌である。座っている序列から見て、明治以降もそれなりの発言力を持っていたことが分かる。

　原田は史家相田泰三の記述にあるように、梶原平馬はもとより佐川官兵衛も一目おく人物であった。この日の軍議は城内に漏れ伝わっており、原田は何人かに問いただされていた。

「主君が城を出ることなどありえない」。その都度、原田は否定した。この戦争のあと会津藩は青森県下北《しもきた》地方に流されるが、当初、この斗南《となみ》藩の最高責任者の大参事に山川大蔵と並んで原田五郎右衛門の名前が出てくる。これが原田対馬と推察されるが、すぐに名前は消えている。原田は下北移住に批判的だったので、山川ら移住派と対立した可能性もある。

　話は戻る。梶原が主君の米沢脱出を話題にしたとき、皮肉なことだが、米沢藩は恭順を決めており、容保を受け入れる余地は、まったくなかった。

米沢藩は、土佐藩の手引きでひそかに降伏の意志を固めていた。その工作に当たったのは板垣退助だった。

板垣は会津若松進撃の前に二本松近郊の鍛治屋《かじや》を道案内人に、六番隊の沢本盛弥を米沢に派遣し、恭順の工作を進めていた。沢本は無駄な犠牲を重ねるべきにあらずとの板垣の書簡を持参していた。米沢藩には当初から恭順派がいて、これは願ってもない勧告だった。八月二十八日、黒井小源太、斎藤主計《かずえ》の二人の米沢藩士が越後村上口の土佐藩陣営に出頭し、降伏を申し出た。

梶原平馬が米沢藩をどう分析していたか、腰の引けた米沢の戦いぶりから米沢に万全の信頼を寄せていたとは思いにくい。この一連の騒動、やはり重臣たちの団結を固めるための梶原の芝居だったと、解釈したほうがいいかもしれない。梶原、山川ともに二十代の若者である。会津藩の命運は二人の若者を中心とする次の人々に託された。

家老梶原平馬　　本丸で政務を担当
家老山川大蔵　　本丸で軍事を総督
家老内藤介右衛門　三の丸を守備
家老原田対馬　　西出丸を守備

家老海老名郡治　北出丸を守備
若年寄倉沢右兵衛　二の丸を守備
家老佐川官兵衛　城外で諸軍を統括

新体制では北原や山崎、簗瀬、高橋ら老臣の姿はなく、西郷の名前も消えた。

軍事局には軍事奉行小森一貫斎、副役井深守之進、以下、鈴木丹下、野口九郎太夫、秋月悌次郎らが参謀として務めた。秋月は越後の参謀を務め、長岡の河井継之助を会津に引き込んだ人物である。京都時代から老練な外交官として知られ、薩長に知人も多く、硬軟両面での作戦が期待された。この人事があとで効力を発揮する。梶原は若いながら百戦錬磨であった。小森一貫斎は京都時代、小森久太郎といい、公用人だった。

やがて西郷は城外追放となり、刺客が城を出るが、見失ったとして追わなかった。西郷は仙台に向かい、榎本武揚の艦隊に乗り込み、箱館に向かう。箱館でも実戦に加わることなく、何のための家族の自害だったのか、疑問はとけなかった。

史家相田泰三について補足しておきたい。「籠城中の重臣会議」は会津藩医賀川家三代謙瑞氏寛の日記「移世録鈔略秘書」によると相田は記述している。藩医が重臣会議に出席していたか、あるいは仄聞《そくぶん》したものと思われる。

第四章　籠城一か月

一　会津武士の意地

山川大蔵

籠城戦の軍事総督についた山川大蔵は、将来の首席家老といわれた人物だった。

その人となりが『幕末会津志士伝稿本』に記載されている。

「幼名与七郎、のち浩《ひろし》と改む、諱《いみな》は重栄《しげひで》、屠龍子《とりゅうし》と号す。父尚江、字は重固《しげかた》、その長子なり。資性英邁活達《えいまいかったつ》、儁才《しゅんさい》の名あり、少にして父を失い、家をつぎ世禄千石を食《は》む。平素藩教たる朱子学を好まず、王陽明を慕うの志あり、故に陽明派の碩学《せきがく》讃岐《（ママ）》今治《いまばり》藩士水野某を京都の寓《ぐう》居《きょ》に聘《へい》し、その教えを受けたり」

とある。儒教が嫌いで、青年時代は中江藤樹《とうじゅ》、熊沢蕃山《ばんざん》、佐久間象山《しょうざん》ら開明派にあこがれた。慶応二年(一八六六)、幕臣小出秀実に同行して広く欧州、ロシアを歴訪し、日本改革の必要性を痛感した。またこの旅で意味もなく威張り散らす旗本にも幻滅を感じた。

山川は負けん気の強い男だった。

旅先で荷物の運搬に雇った人夫の態度が横柄で、いうことを聞かない。山川は怒り、手にした棒で叩きのめした。巨漢の人夫が反抗するかと思いきや女々《めめ》しく泣き叫んだ。

これで山川は皆に一目おかれた。おりしも国内不穏の知らせが入り、山川が急ぎ帰国するとすぐ鳥羽伏見の戦いが起こった。

山川は洋服を身に着け、洋鞍にまたがり、颯爽《さっそう》と指揮をとった。山川は多くの犠牲者を出した大砲隊を再編制して戦い、怪我人を船で江戸に移送し、最後に和歌山に退いた。

日光口では農兵やマタギを使った戦闘で、敵将土佐の谷干城《たてき》をきりきり舞いさせ、「敵の大将は誰だ」と谷を歯ぎしりさせた。後年、山川は谷の引きで陸軍に入る。若いながら伝説の男、それが山川だった。

弘化《こうか》二年(一八四五)十一月生まれ、このとき二十三歳であった。

この若さで軍事総督の任は重すぎたが、年齢以上に大人の風格があり、部下の面倒見もよく、いつも大勢の若者が山川の周囲に集まっていた。しかし援軍の望めない籠城戦である。

どのような形で会津藩の幕引きをするのか、若い山川には、過酷な職務であった。

忘れてならないのは山川には、家族という強力な味方がいたことである。城には祖父、母、妻、姉、妹、弟と家族全員が籠城しており、弟の健次郎は白虎隊の隊員、妹の操は、男装して薙刀を振り回すという勇ましさだった。西郷とは違い、家族全員で山川を支え、敵に立ち向かった。

薩長軍は城の入り口を各藩で分担し、城を包囲する作戦をとった。

その分担は甲賀《こうか》町、六日町、三日町、天寧寺町口が薩摩、大村、佐土原藩、馬場《ばば》、大町、桂林寺町口が長州、土佐、大垣藩だった。

城内の様子を知るために、会津兵を殺さずに捕らえ聞きだしていた。

薩摩の伊藤祐徳の手記によると、二十四日夜、甚之丞なる男を捕らえ、会津藩の火薬庫が小田垣にあることを自供させた。早速、大砲隊がここに向かい火薬庫に発砲し、爆発させた。

山岳が崩れたような大音響を発し、木石が飛散し、会津軍も驚いた。この周辺はすでに敵に奪われており、早晩、知られる運命にあったのだが、城内に移す作業ができなかったため、火薬をみすみす爆発させてしまった。

二十六日には鶴ヶ城を見下ろす小田山《おだやま》が奪われた。

城までは直線距離で十町、約千百メートルほどで、ここからは城内の様子が手にとるように分かった。鶴ヶ城の最大の弱点は小田山だったが、ここも守り切れずに奪われた。会津軍は兵を差し向け、何度か小田山の奪還をはかったが、山上から激しく大小砲を発砲され、近づくことができなかった。とくに佐賀藩のアームストロング砲は威力があり、籠城した人々は、この日から雨霰《あめあられ》と降り注ぐ砲弾に悩まされることになる。

遺書を懐に突撃

日に日に増強の一途をたどる薩長軍に対して、会津軍は必殺の戦法を採用した。敵の陣営に人夫を装って兵士を侵入させ、放火させる作戦である。このゲリラ戦法は成果をあげ相手を疑心暗鬼に陥れたが、敵の警戒は厳しくなる一方で、挽回《ばんかい》は困難だった。

このとき、城内の兵約二千人は、二の丸、三の丸、西出丸、北出丸に張りつき、懸命に戦ったが、日々憔悴《しょうすい》するばかりだった。

八月二十八日の夜、会津軍は城下の敵を一掃する大作戦を発令した。

朱雀二番士中隊中隊頭田中蔵人、朱雀三番士中隊中隊頭原田主馬、別選組隊頭春日佐久良《かすがさくら》、正奇隊頭杉浦丈右衛門、砲兵隊頭田中左内、進撃隊頭小室金吾左衛門、歩兵隊頭辰野源左衛門、朱雀二番足軽隊中隊頭間瀬岩五郎、会義隊頭野田進らが協議し、二十九日早朝を期して

突撃し、「敵と無二の決戦をなさん」と、気勢を上げた。指揮をとる佐川官兵衛は「もし利あらずんば、再び入城して尊顔を拝せず」と声涙ともに下る挨拶《あいさつ》をし、容保は佐川に政宗の名刀を賜って激励したが、出撃にさいし、思わぬ行き違いが起こった。

佐川が「賜酒《ししゅ》に沈酔《ちんすい》」したのである。出撃の時間が来ても佐川は目を覚まさず、部隊が本丸黒金門に集合したのは、朝の七時を過ぎていた。

容保は太鼓門で馬にまたがり、出撃を見送った。

先鋒一番の辰野隊は雷の字を大書した旗を立て、二番杉浦隊、三番原田隊が西追手門を出た。ついで田中、間瀬、小室らの諸隊が続き、佐川は後陣を務めた。

決死隊は米代一ノ丁を経て融通寺町《ゆうつうじまち》口に至り、総兵鬨の声をあげて備前《びぜん》（岡山）藩の守備地に突撃した。備前藩は驚いて逃げ、正奇、朱雀三番士中、会義の三隊は西名子屋町《にしなごやまち》から長命寺《ちょうめいじ》の大垣藩に砲撃を加えた。

大垣兵は驚いて逃げ、会津藩は塹壕を乗っ取り、紺地に白く染め抜いた軍旗を奪った。

敵の隊長も撃ち倒した。

「今日の賊は味方の死傷もかえりみず、砲弾の間を疾風のように駆けてきた。この日、討ち取った賊の懐中を調べると、国のため戦死と書いた遺書や絶命の弁などを持っていた。想うに今日必死と期して来たものであろう。賊兵の鋭さは今日がもっとも激しかった」

と『東山道戦記』にあるように、それは死を決した戦いだった。

土佐藩も『東征記巻ノ三』にその戦いぶりを記述していた。

「朝八時、賊多勢が長州、大垣、備前などの陣地を襲った。長州、大垣の兵はすこぶる苦戦となり、備州兵は弾薬が尽きたとして、持口を引き揚げた。我が軍は急いで三番隊、六番隊および十九番隊、二十一番隊を出して応戦した。賊兵は長州、大垣の中間に迫り、我が兵は賊の横面に向かって烈しく銃撃した。

賊、我が兵を侮り、墓間に出没し、石碑を楯《たて》にして烈しく防戦した。勢いはなはだ荒々しく、我が一番隊、並びに砲隊は桂林寺口より、その他はもっぱら右に開いて激戦した。この日の戦闘で我が兵死傷多く、六十余名を白河に護送した。隊長久時衛、遠藤平八郎も傷を蒙った」

とあり、土佐藩が一時、苦戦に陥るほどの猛攻だった。

だが長命寺の争奪戦から薩長軍が優勢に転じた。

会津兵が槍で突進しようとして、乱射された。杉浦、田中、原田、野田の部隊は大損害を出し、将卒が枕を並べて戦死した。

いつものことながら槍の突撃は犠牲が多かった。

決死隊苦戦の知らせに原田対馬、山川大蔵らは、ただちに援軍を送ったが、敵は何倍にも膨れ上がり、もはやいかんともしがたく、退いて郭門に入るしかなかった。

会津軍は進撃隊頭小室金吾左衛門、朱雀二番足軽隊中隊頭間瀬岩五郎、会義隊頭助勤内藤勇五郎、砲兵隊組頭福田八十八、順風隊差図役舟橋捨蔵、佐川幸右衛門、軍監鈴木丹下ら歴戦の勇士を相次いで失い、この日の戦死者は百十人とも百七十人ともいわれた。出撃した会津軍の総勢について『岡山藩記』は約三百と記述し、会津藩の千人と異なっているが、どちらが真実に近いのか、会津の千人は多いように思うが、簡単には判定できない。三百人の出陣とすれば六割近い戦死者であり、千人としても二割近い死者であった。

死んで後世の審判を仰ぐという見方もあるが、がむしゃらな突撃しかない玉砕戦法の破綻《はたん》であった。本来、朝駆けのはずが、陽が昇ってからの出撃となったのも痛かった。

会津藩の記録では朝七時の出撃だが、土佐藩の記録は八時だった。八時だと敵兵は朝飯をすませた時間であり、総攻撃は完全に出遅れていた。

これを最後に、城下における会津軍の組織的な抵抗は終わった。

一昼夜に二千七百発

九月に入ると、敵は万を超える軍勢に膨れ上がり、鶴ヶ城の東、西、北の三面と小田山に合わせて五十門の大砲を装置、十四日からは三昼夜にわたって砲撃を加えた。

鶴ヶ城を包囲した薩長軍の兵力についてはいろいろな見方がある。『会津戊辰戦史』と『会津戊辰戦争』は数万人、『奥州蝦夷《えぞ》戦乱史』は二万人、『会津史』には十余万人の記述がある。薩長軍の軍医ウィリアム・ウィリスは三万人と見ている。

『復古記』によれば、白河口、日光口、越後口、平潟口に参戦した薩長軍の総兵力はおよそ七万五千人で仮にこの半分が会津に侵入したとすれば三万七千人前後になる。すべて延べ人数であり、ウィリアム・ウィリスの三万人は妥当な数字かもしれない。ただし、包囲戦に参加した一日あたりの兵力になるともっと少なく、板垣退助は五千と述べている。

ともあれ、城内は破裂する砲弾で言葉も聞こえないほどだった。会津藩士鈴木為輔が、その凄さを記述していた。

「九月十五、十六、十七日は敵軍、総攻、大小の砲弾、昼夜透間《すきま》なく城中に破裂し、死傷者が多く出た。怪我人は小書院、大書院や奥の間にも収容されたが、どこもいっぱいになり、御座《ござ》の間にも収容された。十七日の砲撃は甚だしく砲玉が飛び来たり、炊き出しも出さず、城内の通行もままならず、同日六ッ時（午前六時）から玉数を記したところ八ッ半（午後三時）頃までに二千七百発にも及んだ」（「戊辰会津開城に付使者の始末」）

城内は阿鼻叫喚《あびきようかん》、恐怖に包まれた。

娘子《じようし》軍の水島菊子（旧姓依田）も、砲撃の凄まじさを記録している。

「この籠城は、とても大変に難儀でして、絶えず撃ち込む砲弾が所嫌わず爆裂する。傍らに働いている人が、右に左にバタバタと倒れる、そこらは一面の血だらけ、ことに最後の三日三晩は、大砲攻めの打続けで、径五、六寸もあろうという、とても大きな砲弾が飛んできて、ご飯を炊く所など砲弾で何もかも飛ばされて、なくなってしまった」

山川操も恐ろしい目にあった。兄山川大蔵の妻が破裂弾で吹き飛ばされた。

兄嫁は十九歳の若さだった。夫が軍事総督なので、妻である自分も先頭に立って戦わねばならないと、砲弾にぬれ雑巾をかぶせ、爆発を防いでいた。その一発が爆発してしまった。兄嫁は脛《すね》から腿へかけて一発、脇腹へ一発、右の肩へ一発と頬へ一発の破片を受けて即死した。

砲撃弾を処置する城内の婦女子たち
（会津武家屋敷蔵）

脇腹からは血が泉のように流れ、肩に当たった破片は、着物に入れてあった真綿を肉のなかに押し込み、医者が肩の着物を引き出すと、血がドクドクと流れ出た。死者は葬る暇もない。義姉の死骸は、兄の手兵の手で鎧櫃《よろいびつ》に入れ、空井戸のなかへ懇ろに葬った。

大砲の弾、小銃の弾は、朝から夜まで頭の上をピュウピュウと飛び、そこらに落ちて破裂し、屋根瓦は飛ばす、戸障子を砕く、それはそれは恐ろしい光景だった。いたるところに血は流れ、負傷兵が唸《うな》り、死骸が横たわっていた。操は自分も死ぬ覚悟だったので、少しも恐ろしいとは思わなかった。眠ることなどはとてもできず、少し手のすいたときに、柱にもたれてウトウトするぐらいなものだった。

婦女子啼泣

薩摩の伊藤祐徳の手記にも、城内の模様を伝える記述がある。

「九月十四日、本日八時より各藩とも諸方持ち口で、砲撃をはじめ、四時ころまで間断なく砲撃を加えた。賊兵、大いに急迫、花畑大通筋ならびに天寧寺口辺に突出し、戦争は劇烈となった。しかし追々、賊兵は敗走、城内へ逃げ入った。今日、各藩で生け捕った賊兵が多数あり、取り調べた結果、城内の形勢や、老人、婦女子が苦しみのあまり啼泣《ていきゅう》している様子が分かった。

本丸天守には数十発が的中し、甍瓦《いらか》破裂し、その他の屋宇《おくう》の破壊も甚だしかった。しかし防禦《ぼうぎょ》が周到なため火災にはならなかった。会津軍は大手門から大砲三、四発を応砲するだけで、もはや究縮の体に見えた」

この手記は会津藩の史料からは窺《うかが》えない城内の窮状を的確にとらえている。

「婦女子啼泣の様子」は胸がつまる。手記はさらに続いている。

「九月十五日、本日も昨日同様、各藩持ち場で、八時より砲撃をはじめ、日没まで間断なく砲撃した。賊兵は急迫し、昨日より本日に至る間に、死者は数百人に及び、食糧もとぼしく白米と籾《もみ》半方ずつ取り交ぜ炊いていると、窮乏ぶりを生け捕りの者が申し出た」

「九月二十日、母成口、白河口、日光口、越後三道、米沢よりの官軍がすべて賊地へ進入し、若松城を四面から取り囲み、昼夜、大小砲で攻撃した。本丸および二の丸、そのほか郭内、賊兵は防禦が尽き、その上、食糧、弾丸ともに欠乏し急迫に至ったと生け捕りの者が申し出た」

城内は落城寸前であった。薩長軍の兵力は、この時期がもっとも多く、米沢藩も二大隊を会津攻撃に送り込み、会津周辺に万余の軍勢がいたと思われる。

十五日の戦死者数百人は、誇張と思うが、もはや絶望的な状況であった。

それでも会津兵の多くは、生きる望みを失ってはいなかった。

「籠城中、夜に入れば、榴弾《りゆうだん》の中天に交錯するもの、あたかも秋空に蜻蛉《とんぼ》の飛翔するがごとし。児童ら慣れてこれを畏《おそ》れず、常に屋外に出てこれを望み、互いに叫んでいわく、今夜は蜻蛉多しと」

「鶴城の名城なるは、よく人のいう所なりしも、多くはその然る所以《ゆえん》を知らず、包囲を受けし以来、四方より連射する敵弾は雨のごとくなりしも、城門に当たるものはかつてあらざりき、故に人皆、城門の近傍をもって攻囲中の楽地となせり、実に築城の妙をきわむというべし」

「九月十五日、西軍ひとしく攻撃すること昨日のごとし、城兵屈せず皆死を決して戦いたり」(『会津戊辰戦史』)

と余裕もあった。

しかし同じ行間には「守城三旬の間、日々敵弾に斃《たお》るる者相続《あいつ》ぎ、城中これを埋むるところなし。よって衣類にて遺骸を包み、城中の乾井に投じたるが、充満するに及び、二の丸梨子畑に埋め、開城の後、ことごとくこれを収めて若松阿弥陀《あみだ》寺《じ》および長命寺に葬れり」との記述もあり、籠城はまぎれもなく限界に達していた。

二　城外の戦い

最後の賭け

このとき、日光口から関東に出て、広く同志を募り、援軍を求めるという最後の作戦が発動された。記録では一千人が加わったとあるが、実際はもっと少なかったと思われる。

関東に出る道はふさがれており、成功の可能性はないに等しかったが、前記、藤沢正啓の手記によると、日光出撃の命令が下ったのは九月七日である。

この作戦も佐川が提督だった。

夜中、佐川隊に南方方面日光口進軍の命令があり、諏訪通《すわどおり》に集合し、未明、南町口を出て、馬橋より道を一堰《いちのせき》村に向かった。

城の四方が全面封鎖されていたわけではなく、一か所は会津側が確保していた。

八日、佐川隊は闇川《くらがわ》に至った。橋はすでに破壊されており、徒歩で船子《ふなこ》峠を越えて桑原《くわばら》に着いた。この日、大雨で行軍は困難を極めた。九日、大川を越えて小野《おの》村（南会津郡下郷町）に来た。村に米はなく一同粟《あわ》を炊いて飢えを凌《しの》いだ。夜に入って大内《おおうち》村に敵の輜重《しちょう》ありとの知らせがあり、灯火は禁じられていたので、真っ暗な九十九《つづら》折りの山路を手さぐりで歩行した。大内村に到着のころはもう払暁《ふつぎょう》に及んだが、敵の輜重を多数分捕り、夜間のゲリラ攻撃は効果をあげた。

佐川隊はさらに高田村、大内村と転戦したが、九月十八日（新暦十一月二日）には、猛烈な寒波に襲われた。隊士の多くは夏服のままだったので、寒天での戦闘はたとえようもなく困難だった。戦況は時々刻々と変化し、家族より衣類の送付を得ようとしたが、かなわなかった。足袋は破れ、素足に草鞋《わらじ》を突っかけ、ついには草鞋もなくなり、素足で戦闘することも少なかった。

これでは、関東にたどり着くことは不可能であり、日光口進軍は断念せざるを得なかった。

悲運の長岡藩

会津若松の人々は気づかずにいたが、八月から九月にかけて越後に通じる只見《ただみ》（南会津郡只見町）方面に長岡から兵士や難民が殺到し、混乱を極めていた。

八十里峠　眼下に濁流が流れる

この方面には関東に通じる檜枝岐《ひのえまた》口、越後に通じる叶津《かのうづ》口（八十里《はちじゅうり》峠）、田子倉《たごくら》口（六十里峠）があり、会津にとって重要な国境の一つだった。
ここを守備したのは戦国時代以来の系譜である山内大学《やまのうちだいがく》家や、河原田治部《かわらだじぶ》、沼沢出雲《ぬまざわいずも》の旧家臣である。山内隊は蒲生《がもう》、叶津、田子倉を固め、河原田隊は檜枝岐口の配置についた。沼沢の旧家臣も蒲生や叶津などに配置された。
五月二十一日、長岡藩主一行三百八十余人が八十里峠を越え、只見に入ってきたのが、最初の出来事だった。越後での戦乱を避け、会津に逃れてきたもので、家臣の多くは戦場の越後に戻り、主従二十数人が会津若松に向かった。

七月末、長岡が落城するや、八月四日ごろから敗残兵が続々と只見に繰り込んできた。最初に米沢兵四百二十二人がやってきた。新発田藩の裏切りで、新潟経由の道がふさがれたためで、続いて仙台、庄内、会津、旧幕府兵、長岡藩兵が続々と姿を見せ、ついで長岡の子女が下ってきた。

八十里峠は、一里が十里に感じる難所である。おりからの大雨で峠道は土がとけて、さながら深田のようになり、場所によっては子供の股《また》までもぐる深さになった。そこになんと四千人もの長岡藩兵とその家族が殺到した。ぬかるみに足を取られて転び、また起き上がっては転び、あえぎあえぎ登り、そして転びながら下る苦難の旅となり、歩けなくなって道のかたわらに居眠りする者、子供は腹をすかせ、乳飲み子は乳を求めて火がついたように泣き、その光景はもはや地獄だった。怪我人を背負う者、老人を背負う者も多く、途中で野宿しながらの逃避行であり、村人も目をそむける光景だった。

当時の只見地方は、田子倉から塩沢《しおざわ》まで全戸数がわずかに二百九十二軒の寒村だった。

叶津の陣屋跡

避難民の受け入れは、只見村だけではどうにもならず、伊南川《いながわ》筋の村々にも及び、それでも収容できず、現在の大沼郡金山町に属する旧山入《やまいり》村でも受け入れた。
二、三日で米の備蓄が底をつき、只見地区の兵糧総督だった会津藩野尻《のじり》（大沼郡昭和村）代官が万策つきて切腹する事件まで起こった。
長岡藩はどこまでも不運だった。重傷を負った藩家老の河井継之助が八十里峠を越えて会津に逃れる途中、会津領塩沢村で息を引き取った。長岡藩主牧野忠訓《まきのただくに》は日々、戦争を後悔しており、それを知って継之助は会津には行きたくない、主君に会わせる顔がないと苦悩していた。

河井は只見川のほとりで荼毘《だび》に付され、長岡藩兵は、主君を追って続々、会津に向かった。

家老山本帯刀《やまもとたてわき》は倉沢五兵衛、千本木林吉、雨宮敬一郎の三小隊を率いて会津に入り、大隊長牧野図書《ずしょ》は二小隊を率いて津川口（東蒲原郡津川町）を守り、軍事掛三間《みつま》市之進は五小隊を率いて会津城下に兵を進めた。会津城下に敵が侵入すると長岡藩公は米沢に向かい、長岡兵も会津を離れ米沢を目指す人が多かったが、山本帯刀は長岡武士の意地を貫くために会津にとどまり、徹底抗戦を試みた。

山本は名門山本家の養子で、このとき二十四歳、正義感が強く、苦境に立つ会津藩を見捨てることができなかった。

このとき、会津軍は北原采女、萱野権兵衛、上田学太輔、諏訪伊助、一瀬要人らの重臣も城を出て、高田方面の村々から米、豆、野菜、薪炭を集め、夜、密かに城内に運ぶ作戦に従事していた。

これが籠城兵と婦女子の生命を支える兵糧だった。

山本は九月一日、その高田村に進み、会津の木元隊と水戸の市川隊との共同作戦に臨んだ。九月八日朝七時、山本らは濃霧に乗じ、飯寺《にいでら》村に進撃した。

会津勢が右、水戸勢が後方に位置した。右の会津勢は早々に敗れ、退却した。会津兵から連絡がなかったことが、山本の悲劇につながった。長岡兵は会津兵を追撃してきた敵軍を水戸の応援部隊と勘違いして、そのまま敵兵のなかに入ってしまった。

取り巻かれてはじめて敵兵だと知った士卒は驚き、あわてふためいて四散した。そこを銃撃され十数人がたちまち射殺され、山本ら十数人が包囲された。

服装も似たようなもので、わずかに藩旗が異なっていたが、相手が薩摩や長州ではなくはじめての出会いだった宇都宮藩なので、敵か味方か識別が遅れたのだった。

山本は捕らえられ、薩長軍の本営に送られた。

宇都宮藩はじめ薩長軍の諸将が列席し、山本を糾問した。山本は終始一貫、薩長の行動を非難し、降伏を拒んだ。

本光寺にある長岡藩士殉節の碑
（提供・歴史春秋社）

兵士は次々に斬られ、山本はその夜、その辺りに転がされた。

山本の従僕豹吉が「主人のそばにあって、今生《こんじょう》の看病をしたい」と泣き叫び、宇都宮兵がこれを認めると、後ろ手に縛られながら両足で毛布を引き寄せ、疲労困憊の山本にかけてやり、一晩看病した。山本が翌日斬られると、遺体を埋葬させて、そのあと自分も斬られた。

目撃した宇都宮藩大隊長戸田三男の談話が残っている。

「長岡勢を生け捕りたるあと、そのなかに重役山本帯刀のあるのを知り、その処分を軍監中村半次郎（薩摩）に稟申《ひんしん》（上申する）せしに、山本は越後口より入りたる軍監に引き渡し、他は斬首せよとの命令なれば、宇都宮五番隊の手にて、山本は一人の兵を付き添わせてその手続をなし、他は不憫ながらこれを決行したり」

とあり、このとき山本は所持していた軍資金二百両を差し出し、長岡軍戦死者の埋葬などの費用に充てるよう申し出た。

有為な人材がここでも失われた。

第五章　降参の白旗

一　米沢藩に工作を依頼

脱走兵続出

会津鶴ヶ城は、落城の危機に瀕《ひん》していた。

朱雀四番寄合中隊の三沢千賀良《ちから》も、もはやこれまでと覚悟した。

三沢は当時十八歳、白河の戦闘以来、つねに第一線で戦ってきた。三沢は戦闘中から丹念に日記を記し、戦後、東京護国寺（文京区）に収容されたおり、同僚の話も聞いて従軍記をまとめた。『暗涙之一滴《あんるいのいってき》』である。それは本郷村の少年兵遠藤平太の日記に勝るとも劣らぬ優れた内容だった。

三沢は朝晩、外気の冷たくなった九月から、絶望的な気持ちになっていた。

「九月十九日、吾軍《わが》日々に減じ、賊勢日々に加わり、四方天下の大勢を受け籠城すでに二旬、ほかに援軍なく勢い旦夕《たんせき》に迫り、危うきことほとんど累卵《るいらん》のごとし。風に聞く、某は脱して行くところを知らず、某は民間に潜伏、はなはだしきは子を諭して脱せしむ。昨夜、某来たりていわく、子を脱せしむべしと、熟々《つらつら》思うに、藩祖神君信州高遠より山形に移り、後、邦《くに》を会津に移さるるや扈従《こしょう》、ここに二百余年、君恩に沐浴《もくよく》することこのごとく久し。いまや危うきを見て独り生存をはかるは、君臣の儀にあらず、祖先に対して不孝、君に対して不忠、これより大なるは莫《な》し。いやしくも汝若輩といえども歯《よわい》すでに十五歳を過ぎれば自ら明らかなるべし。

国の存亡安危《あんき》を顧みず一身の安全を望むがごときは、武門の恥じるところ、いやしくも汝死を致すと聞かば、余ただちに自刃、黄泉《よみ》に伴わん」

三沢は遠藤平太と異なり、れっきとした藩士である。平太は戦争に疑問を呈したが、三沢は最後まで戦うとの決意を披瀝《ひれき》しながらも、城中の末期的な症状を見逃さなかった。

「当時、城中を脱するもの陸続、民間に潜むもの多し」

三沢が書くように、逃亡者が続出し、会津藩士の忠誠心も大きくゆらいでいた。

食糧にも事欠き、弾薬も切れ、日々死傷者が続出する状況では、逃亡も避けられない。自分はどうなろうとも、子供だけは助けたいという気持ちも、理解できるものだった。なかに敵軍に通じた藩士もいて、それが露見して斬首され、天守閣に吊《つる》されるショッキングな事件さえ起こっていた。

九月二十一日夜、三沢は隊長から降伏を聞いた。

「隊長容《すがた》を正しゅうしていわく、四方賊の囲繞《いじょう》するところとなり、籠城守戦すでに三旬、余一人のために数千の子弟人民艱《かん》苦の状、見るに忍びず。風に聞く錦旗、領内に臨むと、いやしくも朝廷に抗するの念なきにおいては、速やかに城門を開き、降を請い、藩士祖先の祭祀《さいし》を全《まっと》うせしめ人民塗《と》炭《たん》の苦しみを救わんとす。しかりといえども各方良策あれば腹蔵することなかれ、これ主君の命なりと」

隊長の言葉に三沢は「主君の意に従うのみ」と答えた。

ここにくるまで軍事局では激論があった。

全員、死を決して戦うという一派と、それは不可とする一派であった。

降伏を決断したのは、梶原平馬と山川大蔵の二人の武将と主君容保であった。

問題はどのような形で降参するかである。城、領地の没収は避けられないとしても、譲れない一点が主君容保の命だった。開戦前の交渉では、戦闘に踏み切らず、事前に降伏すれば、死一等を減ずるということだった。しかし、戦った以上、命の保証はなかった。

薩長軍からは一切の和平交渉はない。一般兵士には全員殺すまで攻撃の手は休めないという方針が示されており、一口に降伏といってもそれは容易ならざることであった。事実、降伏の動きがあったときも、薩長軍参謀はそれは奸計《かんけい》であると布告し、「賊徒種々の奸計を巧《たく》み、我が兵士を怠らしめ、間を窺《うかが》い、突撃の策これあるやに薄々相聞こえ、実に容易ならざることにつき、ただ今より番兵ら怠らずよう精々部下へ示し聞かせるべし」との警告を出した。

江戸の大総督府には、「間もなく会津は落ちる」という大村益次郎の分析があり、会津藩にどのような処断を下すかの検討は当然始まっていたが、前線では、その処分の内容は見えなかった。

止戦工作の経過

会津藩の降伏はどのような形で進められたのか。『会津戊辰戦史』には、九月上旬、米沢藩士の松本誠蔵、山田元助の二人が城外の高久《たかく》に布陣していた陣将萱野権兵衛のもとに来て、降伏を勧告、権兵衛のもとにいた秋月悌次郎が城内に戻って、主君容保に伝えたのが発端とある。

容保がこれを認め、秋月と手代木直右衛門の二人を米沢藩の陣営に送り、さらに土佐藩の参謀板垣退助に頼み込み、降伏が実現した、となる。

これだと、かつての盟友米沢藩が会津藩に降伏を勧告し、会津藩がこれを受け入れ、降伏が実現したことになる。しかし事実はだいぶ異なるようである。

米沢藩の史料『戊辰事情概旨』ではこうなる。

「九月五日夜、会津藩士萱野安之助、伊東左太夫、柴守三、手代木直右衛門、秋月悌次郎ら、陸続、米城《よねじょう》に来たり、急を告げ、救いを乞う。我が藩の堀尾保助、固くこれを拒否、おもむろに諭し、帰降を勧む、会士《かいし》（会津藩士）、すこぶる悟る」

とある。会津藩士は窮状を打開するため、援軍を求めて米沢城にたどり着いたが、とうに恭順を決めていた米沢藩が、逆に降伏を勧めたことになる。

米沢藩の史料をさらに追うと、八日には会津藩士桃沢彦次郎と武田虎太郎が米沢城に来ている。参政の倉崎七左衛門と堀尾保助が対応すると、桃沢らは主君容保に帰順を説くと語ったという。

会津藩士が米沢城で降伏の意思を表明したことになる。

「遂に降伏に至るは、実にこのときに胚胎《はいたい》せり」

米沢藩はこう記述している。

この後、秋月と手代木はふたたび米沢に来て、会津の状況を報告している。城内は、「心大いに揺らぎ衆論沸騰、議久しく決せず」という状態だったが、「城外にある一瀬要人、萱野権兵衛を説得、佐川官兵衛も説得に当たり、大いにこれを然りとす」と藩論が降伏に固まったとある。

佐川は「薩長軍は官軍にあらず、官賊だ」といって最後まで抵抗したと、会津藩の記録にはあるが、米沢の史料では了解済みとなっていた。会津の降伏は米沢藩経由土佐藩の線で、進められたことになる。

交渉を行ったのは、秋月悌次郎と手代木直右衛門だが、容保は万が一の事態に備えて、町野主水《もんど》、樋口源助、水島弁治、小出鉄之助らの別働隊も土佐藩に送っていた。水島と小出は山川大蔵の友人であり、山川が恭順を強く勧めていたことがこのことからも分かる。

降伏の申し出を受けた土佐藩は、秋月と手代木に、それまで条件としてきた容保の斬首を引っ込め、会津藩がのめる条件を示した。

この条件を一参謀の板垣が示せるはずはなく、明らかに西郷隆盛、大久保利通、木戸孝允、岩倉具視らの間で決められていた内容だった。

薩長新政府首脳も冬を前に、そろそろ止戦の潮時と、会津藩の処分方針をとうに固めていたのである。

土佐藩が示した降伏の筋書きは、次のようなものだった。

一、大旗に降伏の二文字を大書し、追手門外に立てる。諸隊はこれを合図に発砲をやめる。それから一時間後に重役は礼服を着し、兵器を一切持たずに罷《まか》り出る。

二、肥後《ひご》父子（容保・喜徳《のぶのり》）、刀を小姓に持たせ、嘆願書を持参する。病気の場合は駕籠でよい。

三、肥後父子、出城の節は二十人ずつ随従、臣下は脱刀のこと。

四、城中の兵士は追々、出城苦しからず。

五、城中男幾人、女幾人、他邦脱走者幾人を、帳面に差し出すこと。

六、肥後家内へ随従の者は一人が五人、女子随従の儀は幾人でもよい。

七、十四以下六十以上並びに婦女は城外に退いてよい。

八、男子は追々出城の上、猪苗代に移る。

九、城中滞在の患者は青木村（小田山西麓）に退く。

全般にゆるやかな印象であり、仙台、米沢をはじめとする列藩同盟の幹部、全国に散らばる旧幕臣にも配慮したに違いなかった。

土佐の人横山黄木は『奥羽紀行』を執筆するさい、東京で板垣に会い、会津藩降参時の心境を聞いている。

「願わくば寛典をもて寡君《かくん》（容保）を処せられよ。板垣は情を解せざる木強漢《ぼっきょうかん》にあらざるを記せよと」

このように板垣がいったと記述している。

二　仰ぎ見る者なし

降伏の式

双方が歩み寄り、九月二十一日、両軍の発砲はやんだ。

開城の命令が下るや城内で、秋山左衛門、庄田久右衛門、遠山豊三郎の三人が悲憤慷慨《ひふんこうがい》、自刃した。いずれも老人だった。

翌二十二日巳《み》の刻（午前十時）、鈴木為輔、安藤熊之助の二人が北追手門に降参と大書した白旗三本を立て、呆然とこれを見つめた。城中には白木綿がなく、土佐藩から譲り受けたものだった。このあと降伏の式典に移り、家老梶原平馬、内藤介右衛門、軍事奉行添役秋月悌次郎、大目付清水作右衛門、目付野矢良助が礼服をつけ、西郷邸と内藤邸の間に設けられた甲賀町の式場に進んだ。

午《うま》の刻（正午）、薩長軍の軍監中村半次郎、軍曹山県小太郎、使番唯九十九《ただつくも》が式場に姿を見せた。中村は薩摩藩士、人斬り半次郎で知られ、後、桐野《きりの》利秋《としあき》を名乗り、陸軍少将、熊本鎮台司令官となったが、明治六年（一八七三）、西郷とともに下野、西南戦争の総指揮官を務め、鹿児島の城山《しろやま》で戦死する。

会津攻撃の参謀は薩摩の伊地知正治と土佐の板垣だが、降伏式の大役はこの二人ではなく、西郷隆盛の腹心、中村だった。このことは、西郷の意向を強く反映したものと思われた。

秋月悌次郎は小さい白旗を持ち、鈴木為輔、安藤熊之助を従えて中村半次郎らを出迎え、

「おっつけ、主人罷り出で、御直《おじき》に申し上ぐべし。まずもって私ども儀、お出迎え罷り出で候」

と挨拶《あいさつ》した。

官軍勝利会津落城の図　錦絵

このあと清水と野矢が城に戻り、容保と養子の喜徳が麻の上《かみ》下《しも》を着て、小刀を帯び、大刀は袋に入れて侍臣に持たせ、姿を現した。二人に家臣十人が麻上下をつけ、脱刀して従った。

式場には毛氈《もうせん》と薦《こも》を敷き、中村、山県、唯が毛氈の上に置かれた腰掛けに座り、会津側の出席者も毛氈の上に座った。毛氈は長崎の商人、足達《あだち》仁十郎が献じたもので、十五尺四方のものだった。式場は東西より食い違いに幕を張り、そのうち一円に

薦を敷き、真ん中にこの毛氈を敷いた。

東西の席間に火鉢、煙草盆をおき、東は占領軍職員の席とし、西の正面毛氈上を会津側の席とした。史料によって容保は薦の上に立ったともいわれるが、それは誤りで全員、毛氈の上だった。

式典は淡々と進んだ。容保と喜徳が立って嘆願書を唯に手渡し、唯が中村に差し出した。嘆願書には、大意「実に天地に容れざる大罪を犯し、天下に大乱を醸し、人民に塗炭の苦しみを与えた。この上は速やかに開城、官軍の陣門に降伏謝罪する」と書き、「何様《いかよう》の大刑《たいけい》仰せ付けられ候とも、いささかも御恨《おうらみ》申上げず候」と結んだ。

会津藩降伏の式の図　錦絵

中村はこれを見てうなずき、式典は短時間で終わった。

中村はこのときのことを、「元来、余は人を斬り、人を倒す術《すべ》を知るも、学問はなく、差し出された書類を見て、なにがなんだか分からず、卒倒せんばかりであった」と回想した。

中村は見事な演技で、大役を果たした。

会津の人々が全員、自分は大罪を犯したと考えたわけではなかった。しかし敗れた以上、非は自分にあるといわざるを得なかった。

続いて会津藩の重臣、萱野権兵衛、内藤介右衛門、梶原平馬、原田対馬、山川大蔵、海老名郡治、井深茂右衛門、田中源之進、倉沢右兵衛の九人が署名した嘆願書も提出した。この嘆願書には城外で戦う佐川官兵衛の名前はなかった。

降伏の式典は会津藩側の出席者にとって終生忘れ得ぬものとなった。出席者は会場に敷いた毛氈を全員で平等に分け合った。秋月は後にこの毛氈を泣血氈《きゅうけつせん》と名づけ、この日のことを忘れぬために全員が持ち帰った。

涙の別れ

容保と喜徳はこのあと城に戻り、重臣、将校にこれまでの労苦を慰労し、それから城中の空井戸と二の丸の墓地に花束を捧げ、皆に訣別《けつべつ》の言葉を述べた。皆、涙、涙で「三軍の将卒、皆恨みを忍び、涙を呑み、仰ぎ見る者なし」という情景だった。

いよいよ容保と喜徳の出立である。

二人は本丸を出て、太鼓門から駕籠に乗り、北追手門に出るとそこには薩摩、土佐の二小隊が待ち受けていた。軍曹山県小太郎は馬をおりて二人の駕籠に近づき目礼すると、容保と喜徳も駕籠をおりて答礼した。

鶴ヶ城太鼓門

山県は馬に乗り、駕籠の先頭に立って上一ノ町、博労町をへて滝沢村の妙国寺《みょうこくじ》に入った。照姫は遅れて城を出て、同じ妙国寺に入った。

重臣も妙国寺に入り、妙国寺は土佐藩と越前藩が警備を担当、大砲数門を装置し、砲口を本堂に向け、夜は篝火を焚いて警戒した。

この日、城中で落城を迎えた人員は、四千九百五十六人と『会津戊辰戦史』に記載されている。史料によっては総人員が五千二百三十五人の記述もある。

兵員は軍事局の参謀クラスが百六十人、士分が七百六十四人、士分以下が千六百九人だった。婦女子は五百七十人、老幼は五百七十五人を数えた。病人は二百八十四人もいた。その他、役人、他邦者、士中ノ僕《しもべ》、鳶《とび》ノ者、奥女中、女中、下女などさまざまだった。

総計約五千人というのは、大変な数だった。脱走者も多かったとはいえ、これだけの人が敵の猛攻に耐え籠城したのである。

二十四日には軍監中村半次郎、軍曹山県小太郎、使番唯九十九が城を受け取り、家老山川大蔵が、銃砲兵器の目録を提出した。

大砲は五十挺、小銃は二千八百四十五挺で、小銃の弾薬はまだ二十三万発あった。

大砲は和式が多く、小銃も火縄銃が大半を占めたが、銃弾はまだ戦えるだけのものを残していた。しかし、山間部は霙《みぞれ》が降り、佐川官兵衛の部隊からの食糧の供給も、搬入は困難になっており、刀折れ矢尽きての降伏だった。

婦女子、老人は解放されたが、将校と一般兵士は、猪苗代と塩川村に分散収容された。

城内にあった武具、松平家代々の甲冑《かっちゅう》、書画骨董《こっとう》、衣装、工芸品などはすべて、どこかに持ち去られた。会津藩の財宝は、一般の家庭も含めてすべて掠奪《りゃくだつ》された。

籠城した会津藩兵が見た城外の光景は、惨憺《さんたん》たるものだった。

川には死骸が流れていた。首が落ちていた。水ぶくれとなった死体があちらに三人、こちらに五人と浮いていた。城外には安否を求める家族が殺到していた。城から運び出された病人は濠の辺りにおかれた台の上に何百と並べられ、家族や親戚、知人で混雑していた。死んだと聞いて泣き崩れる者、生きていて抱きあう者、悲喜こもごもの光景が見られた。

『会津人柴五郎の遺書』を残した少年柴五郎は、郊外の面川村《おもがわ》にいた。このときのことを大要、次のように記述した。

「九月二十二日と記憶す。とつぜん銃砲声やむ。あらたなる不安、今胸中を領して空虚を覚ゆ。山間の村民おそるおそる隠れ家を忍び出て、城下に近づき様子を探りはじむ。郭内は隈《くま》なく焦土と化して残るものなし。町家もほとんど焼失し、残存の家には敵軍の標札掲げあり、将卒充満の模様なり。婦女捕われて下婢《かひ》となり、狼藉の様子なるも、しかとわからず。されど喜多方、浜崎《はまさき》（河沼郡湯川村）に収容の御婦人につきては丁重にて、防寒の衣料も送られたりと聞けり。下郎《げろう》武士とは申せ、やはり武士の端くれなれば、武士の情けも幾分かは持つものと思われる」

五郎の記述には、重大なことが記されていた。薩長軍の掠奪暴行である。城下町には戦闘中から市場が立ち、江戸から商人が入り、掠奪品を買いあさっていた。このことは天守閣からも遠望され、籠城兵は歯ぎしりして見つめた。また婦女子が捕らわれ、性の対象として扱われ、監禁同様の暮らしを強いられていた。五郎は「しかとわからず」としながらもこれを鋭くついていた。

掠奪や婦女子への暴行、拉致《らち》、監禁は各藩が競って行い、抵抗した婦女子を全裸にして殺し、樹木に吊り下げた例もあった。

「下郎武士」という五郎の言葉の持つ意味は深いものがあった。

もう一つの会津戦争

降伏の式典の最中、戦闘が行われていた地域があった。奥会津である。会津若松から奥会津までは、連絡に最低三日を要した。

八十里峠、六十里峠を守る山内大学、河原田治部の隊は、依然、奥会津の各地に屈強な郷《ごう》兵《へい》隊を配置していた。ここはかつて幕府の直轄地、天領である。この地で活躍した戦国時代の家臣団は、二百数十年たった幕末に至っても、旧領主と家来筋との間の結束が固かった。

長岡の難民を追って最初に峠を越えたのは松代藩兵、松本藩兵、越前藩兵約三百人だった。九月二日に叶津《かのうづ》に入り、続いて富山、飯山、高遠などの兵二千人余が入ってきた。

伊南川《いながわ》筋では、高遠と飯山の藩兵と九月二十日から激しい戦闘に入った。会津鶴ヶ城では、降伏が決まっていたが、こちらにはそうした知らせはなく、郷兵隊は決死の覚悟で戦いに挑んでいた。

このときの戦闘を記述した『慶応太平記』(『田島町史』近世史料)によると、只見に下った薩長軍は、叶津に会議所を設け、兵糧、弾薬を備蓄し、胸壁を築いて本営とし、各隊が三方面に分かれて会津若松を目指した。

只見川に合流する伊南川の南岸を進んだのは高遠、飯山、越前、富山の諸隊である。斥候隊を出して会津兵の有無を調べ、安全を確認しながら進んだが、郷兵隊の存在は知らず、緊張感に欠けた行軍だった。

伊南川は福島、栃木、群馬の三県にまたがる黒岩山（標高二千百六十三メートル）に源を持つ檜枝岐川と支流の舘岩《たていわ》川が南会津郡伊南村内川《うちかわ》で合流して生まれた河川である。本流の只見川は渓谷をぬって走るが、伊南川は低い段丘の間をゆったりと流れる。

対岸を進んだのは高遠兵と飯山兵の別働隊で、山口まで進んで、そこに本陣を置いた。山口は伊南川の東岸、現在の南会津郡南郷《なんごう》村である。田島の西隣で、田島、下郷《しもごう》を経て会津若松に通じる。

侵攻した兵士たちは、ここに来てはじめて会津兵と河原田治部の郷兵隊数百人が、攻めてくることを知って驚いた。ただちに伊南川西岸の大橋《おおはし》村に陣地を築き、田島に向かう駒止《こまど》峠方面には大砲二門を据えて警戒した。

郷兵隊が攻撃の目標に選んだ敵兵のなかに、高遠藩三十八人の部隊があった。

高遠隊は先頭に旗を立て、太鼓を叩き、ラッパを吹き、ゲベール銃を担いで行進した。人夫に荷を背負わせ、味噌、米を馬につけ、威風堂々の進軍だった。

会津藩祖保科正之は高遠の出である。高遠兵はいわば会津の親戚だった。しかもついこの間までは徳川方である。郷兵隊の兵士たちにとって、許しがたいのが、高遠兵だった。参戦した農民は実に千数百人にも達し、大部隊であった。

只見の飯津恒夫氏の『戊辰戦争』（『只見町史』）に郷兵隊の全容が描かれている。その戦いぶりは会津の正規軍顔まけの強さだった。

郷兵隊の兵士は敵兵を谷あいで待ち受け空砲で脅し、逃げ遅れた者は捕らえて殺した。兵は恐怖に顔を引きつらせ、ばらばらになって逃れ、一部は只見川に追い詰められて溺死し、八十里峠に逃れた兵は、山上に備えた火筒を浴びせられ、兵糧、弾薬、酒、砂糖など積み荷は、ことごとく分捕られた。

只見川

郷兵たちは叶津の本陣まで攻め込んだ。

このときの模様を記した信州高島藩士諏訪鼎助《ていすけ》の手紙が『只見町史』に収録されている。諏訪は叶津の台場を守っていた。

「賊兵が勝ちに乗じて攻めてきた。半時（一時間）ばかり戦闘したが、両側の高い山から猿のごとく高い声をあげて押し寄せたので、負け戦になった。さらに横合いから雨霰と銃撃を浴びせられ、退却するしかなかった。飯山藩の一人は足を撃たれ、高島藩も三人が捕らえられた。弾薬、鉄砲、幕などを分捕られ、ほか留守部隊の荷物もことごとく取られた。誠に大苦戦だった」

とある。猿のように攻めて来たという描写が、郷兵の機敏な戦闘ぶりを伝えている。会津藩の降伏を知らない郷兵隊は九月二十五日ごろまで戦った。

奥会津の田島地区でも農兵隊が戦っていた。只見では郷兵と呼んだが、田島では農兵と呼んだ。

日光口の宿場である田島地区もこの春から戦争一色だった。山川大蔵が田島を拠点にして、日光口に攻めのぼり、石筵が破られて薩長軍が会津城下に侵入すると、山川は田島に戻り、会津若松に急行して行った。代わって侵攻してきたのが、日光口の薩長軍だった。

田島の人々は薩長軍の人夫となり、会津若松に武器弾薬や食糧を運んだ。

男たちが留守の間に、薩長軍はあらん限りの掠奪を働き、田島の土蔵は片っ端から開けられ、家具、夜具、お膳、なんでも盗まれ、馬で今市に運ばれていった。

田島の名主たちはこの掠奪行為に怒り、ひそかに会津を支援するゲリラ部隊を自発的に結成した。各村に猟師がいて火縄銃を持っていることも、農兵隊を結成する要因になった。

日光口の戦闘に、この界隈のマタギの集団が加わり、それなりの戦果をあげたことも引き金になった。

かくて農兵隊が結成され、佐川官兵衛の部隊に呼応し、敵陣を急襲して、食糧、弾薬、器械を掠奪した。

なかでも栗生沢《くりゅうざわ》農兵隊は、驚くべき戦果をあげた。

栗生沢は関東に抜ける峠道に面した集落だった。農兵たちは篝火を焚き、昼夜ともに厳重な警戒態勢をとった。峠に薩長軍兵が紛れ込むと、酒を振る舞って酔わせ、峠の奥に誘い込んで成敗した。集団で侵入した兵には鬨の声をあげて威嚇《いかく》し、鉄砲を撃って追い散らし、逃げ遅れた兵を殺害した。戦利品は神社の拝殿にうずたかく積み上げた。

その戦闘ぶりは、熊や猪を追い込む狩りに似ていた。

ここでも戦いは九月の二十五日ごろまで続いた。

会津の戦争のさい、庶民は傍観者だったと土佐の板垣退助が語り、その説が定着したが、奥会津は違っていた。

薩摩の伊地知、土佐の板垣らは、高遠藩兵のような悲劇に遭わずにすんだが、仮に会津藩軍事局が、もっと広範囲で農兵隊を組織していれば、戦局は大きく変わっていたに違いなかった。勝つことも決して奇跡ではなかった。

鳥獣の餌食

降伏後、会津藩士は全員、罪人とされ、各地で謹慎のあと、日本列島の最北端、旧南部藩の領地、下北半島の周辺に流される。

そこでの苦難な生活は拙著『敗者の維新史』（中公新書）に記述したが、南部の地での暮らしは聞くも涙、語るも涙の残酷物語だった。

その残酷な処遇は、降伏後の会津若松で、早くも始まっていた。

それは戦死者の埋葬問題である。

飯盛山の白虎隊墓地

占領軍は犯罪者という理由で、会津藩兵の遺体の埋葬を禁じた。このためあちこちに放置された遺体は狐や狸、野犬に食いちぎられ、鳶や烏につつかれ、腐乱が進み、一部は白骨化し、城下とその周辺は、死臭ただよう地獄と化し、人々は鼻をふさいで歩いた。

飯盛山で自刃した白虎隊士の遺体も、同じだった。

滝沢村の肝煎《きもいり》吉田伊惣次《いそじ》の妻が、放置された遺体を哀れみ、ひそかに埋葬したが、密告する者がいて伊惣次が捕らえられ、遺体は掘り起こされて、ふたたび放置された。

これに対して占領軍は会津城下の融通寺《ゆうづうじ》に薩長軍墓地を設けた。十月には大垣藩が「大垣戦死二十人墓」を建立し、明治三年（一八七〇）四月には長州藩が「長藩戦死十五人墓」を建て、この年九月には同墓地で薩長軍戦死者の大法要が営まれた。

会津藩でこの問題の処理に当たったのは会津若松に残留した元家老の原田対馬、元小出島《こいでじま》（北魚沼郡小出町）奉行の町野主水《もんど》と鳥羽伏見以来の歴戦の士として知られる高津仲三郎《たかつちゆうざぶろう》だった。三人は占領軍参謀、近江膳所《ぜぜ》藩士三宮耕庵《さんのみやこうあん》に何十回となくねじ込み、最後は相手と差し違える覚悟で短剣を懐に談判し、ついに戦死者全体の埋葬を明治二年二月を期に認めさせた。三宮は仁和寺宮嘉彰《にんなじのみやよしあき》親王（のち小松宮彰仁《あきひと》親王）の小軍監として北越から会津に入った人物で、物の道理の分かる人だった。そのことが埋葬を実現させたと町野が後に書いている。

戦死者は罪人という理由で、埋葬地は罪人塚のある城西の薬師堂《やくしどう》河原と、小田山山麓のみに限定し、死体の処理は会津五郡と東部沿道の被差別民らに当たらせるとの裁定だった。

会津藩のために命を落とした仲間が罪人の墓地に葬られることに、原田らは地団太ふんで悔しがり、なおもねばり強く交渉し、最終的には城下の阿弥陀寺《あみだじ》と長命寺への埋葬を認めさせた。白虎隊は飯盛山に決まった。

半年間、放置された遺体の埋葬が、ようやくかなったのである。

だが、誰が誰だか、遺体はまったく分からなくなっていた。

阿弥陀寺への埋葬は明治二年五月二十四日から開始された。

費用一千両は城下の商人星定右衛門が出してくれた。

町野はその様子を「明治戊辰殉難者之霊奉祀ノ由来」のなかで、次のように書いている。

「いかにして四方遠方から死体を集めるか、戦後散乱のなかなので、これを運搬する器具もなく、あるいは菰《こも》につつんで担ぎ、あるいは叺《かます》に詰め込んで古長持ちの破れたのに入れ、も

（上）長命寺　ここでも激戦が繰り広げられた
（下）阿弥陀寺の会津藩戦死者墓

しくは捨ててある板戸を拾ってこれを用い、甚だしきに至っては、水風呂桶さえ用いた。これら雑多な器具のまま埋めては広漠な土地が必要になる。到底、阿弥陀寺の境内には埋まらない。

そこでやむを得ず八間四方の地を深さ数間の椀形《わんがた》に掘り、そのなかに菰を敷き、運搬してきた器から死体を取り出し、各人を北枕に臥《ふ》し、その上を菰で覆い、さらにその上に死体を横に臥して堆積した。何千という死体なので、その高さは数尺になった。残った死体は長命寺境内に埋めた。阿弥陀寺の死体の山は土砂を運搬してこれを覆い、大きな塚となったので、大庭氏が『殉難之霊』と書いた墓標を立てた。さらに拝殿も建てた」

悪臭芬々《ふんぷん》で、その苦労は並大抵ではなかった。

これでほっとしたのも束《つか》の間、占領軍から即座に墓標、拝殿撤去の命令があった。「天下の罪人に殉難はない、拝殿などもってのほか」というものだった。

占領軍の監察方兼断獄の筆頭頭取、越前藩士久保村文四郎の差し金だった。怒った会津藩士は後に久保村を暗殺している。

二つの寺に埋葬された会津藩士の遺体は、千五百体とも二千体ともいわれる。ほかに大内村、塩川、猪苗代など十六か所で埋葬が行われていたが、埋葬されずに山野に朽ちた戦死者の数を合わせれば、犠牲者はゆうに数千は超すと見られた。一体、この戦争で何人の人が命を落としたのか。いまもって不明である。下北に移住した会津人はまず最初に戦死者の名簿の作成に当たった。三千人ほどの名前を確認したが、この戦争に従軍した農兵、郷兵、人夫などはまったく把握できず、「死者数千人」と算定した。凄まじい戦争であった。

後年、町野主水は自分の死にさいし、「遺体を荒筵《あらむしろ》でつつみ、荒縄で引っ張って菩提寺に運べ」と息子の町野武馬に遺言した。埋葬に対する怒りの告発だった。武馬はこれを実行し、人々を驚かせた。

明治三年から始まった下北半島での暮らしは、会津人をさらに過酷な運命に陥れた。それは挙藩《きよはん》流罪《ざい》といえた。会津戦争は、明治になっても、まだ終わることはなかった。

最後に、ここに登場した何人かの人々の明治以降の人生にふれておきたい。山川大蔵（浩）は、戦後会津のリーダーとして活躍し西南戦争に参戦して功績をあげ、晩年は貴族院議員に選ばれた。弟健次郎は東京、京都、九州帝国大学総長を務めた。佐川官兵衛は会津抜刀隊を率いて西南戦争に参戦、戦死している。降伏の交渉に当たった秋月悌次郎は熊本の第五高等学校の教授として若者の教育にあたった。

少年兵、遠藤平太は本郷村の村会議員に選ばれ、その後村長を務め村が見渡せる観音山の頂上に戊辰戦争の記念碑を建て、戦争の悲惨さを後世に伝えた。

若き政務担当家老梶原平馬は斗南《となみ》藩の開拓が失敗に終わるや北海道に姿を消した。昭和六十年代になってはじめてその消息が分かり、妻貞《てい》が北海道根室の教育功労者として名前を残していることが分かった。

筆頭家老西郷頼母も各地の神社で宮司を務め、晩年は会津若松に戻り粗末な長屋に住み、明治三十六年（一九〇三）七十四歳でこの世を去った。

原田対馬の後半生はわかっていない。

主君松平容保は後年、日光東照宮の宮司として東照宮の永久保持に努めた。「往時のことは茫々《ぼうぼう》として何も覚えてはおらぬ」が口ぐせだった。明治二十六年（一八九三）、五十九歳で没した。

あとがき

従来、会津戦争は、白虎隊や婦女子の壮絶な殉国が賛美され、会津武士道の精華を遺憾なく発揮したものと称えられた。

会津側の見方で書く会津戦争は、これでもか、これでもかと会津藩を悲劇のヒーローに仕立て上げた。

城下の開戦初日、大勢の婦女子が殉難したが、それは婦人の鑑と称えられた。しかし私はかならずしも、婦人の鑑ととらえることはしなかった。それは避難態勢の不徹底であり、会津藩軍事局の手落ちが存在したからである。むしろ人災の部分が濃厚だった。この本はそうした意味で、かなり辛口のものとなった。

会津藩の見事さは、若き政務担当家老梶原平馬の努力によって、奥羽越列藩同盟が結成され、仙台藩が白河に兵を出し、越後の長岡藩が参戦したときに示された。

しかし戦闘に入ると、どこの戦場でも敗れ、同盟は瓦解した。その責任のいくつかは会津藩にあった。それは長州の大村益次郎に匹敵するような戦略家の不在だった。

かつて京都守護職の時代、会津藩には公用局があり、情勢分析に大きな成果を上げたことがあった。だが、会津戦争では冷静に戦争を見つめ、勝利の方程式を立案、実施する参謀が不在だった。

会津藩は同盟が成った時点で、勝てると判断し、戦争に対する取り組み方に、革命的な発想が見られなかった。軍事局もあるにはあったが、俗吏が詰めているにすぎなかった。

母成峠が破られても、どこからも連絡が入らず、たまたま猪苗代に出かけた藩士が急報し、半日後にやっと分かる始末だった。そのとき、軍事局の面々は、唖然呆然とし、ただただ顔を見合わせるだけだった。

会津の国境は広大である。情報伝達のうえで、騎兵は絶対に欠かせないものだったが、その編制はなく、連絡体制の不備は、その後の戦いに決定的な影響を与えた。白河をはじめ、勝てる戦をみすみす失った場面があまりにも多く、政治で獲得した列藩同盟を軍事で失い、人々は下北半島で塗炭の苦しみを味わう結果となった。

平石弁蔵の『会津戊辰戦争』に板垣退助が序文を寄せている。板垣が『自由党史』に記述したものと同じ文章だが、そこには次のようにあった。

「会津は天下屈指の雄藩である。もし上下心を一にし、藩国に尽くせば、わずか五千未満のわが官兵、容易に会津を降伏させることは出来なかったであろう。庶民は難を避け、逃散し、累世の君恩に報いる気概はなく、その滅亡を目の前にして、風馬牛の感をなすゆえんはなんであったか。一般人民に愛国心がなかったのは、上下離隔して、士族がすべてを独占していた結果にほかならない」

と断じた。

これは会津藩に限った問題ではなく、幕藩体制が抱える矛盾であった。会津の農民すべてが、傍観者であったとはいえず、只見や田島の戦闘では郷兵隊や農兵隊が大活躍し、敵をきりきり舞いさせた。この地区は以前、幕府の天領であり、自分たちの土地や財産を守る意味のほうが濃厚だった。

土佐藩参謀板垣退助（中央）

情報伝達の遅れの原因は何か。京都に六年もいた会津藩の人々は情報の大事さを熟知しているはずであった。その会津藩が、なぜこのような事態になったのか。

このことは誰もが疑問に思うことである。

『幕末の会津藩』にも書いたが、会津藩の京都駐在の参謀たちは、薩摩や長州をそれなりに評価していた。槍や火縄銃では薩摩や長州に勝てないことも承知していた。だが軍備の近代化の稟議《りんぎ》を何度書いても会津本庁から却下された。

「武士の魂は槍だ」というのが表むきの理由だった。だが本当は財政難だった。京都の暮らしを支えるだけで精一杯であった。

会津の人々は最後は幕府が助けてくれると信じていた。

幕府は当時の日本政府である。フランスの支援で洋式陸軍を持ち、東洋一の大艦隊を品川の海に浮かべていた。たとえ会津藩兵が槍であっても、幕府がこれらの近代兵器で会津藩を守ってくれると誰もが思っていた。

「寄らば大樹」であった。

会津の人々だけではない。幕府がつぶれると考えた幕臣は皆無だった。勝海舟も福沢諭吉も、夢想だにしなかった。幕府が危ないと思ったら、会津藩も元込め銃を購入していたはずであった。

それがいとも簡単に瓦解した。信じられぬことだった。なおかつ幕府は会津を見捨てた。こうして始まった会津戦争は、会津藩にとって、最悪の戦いであった。

幕府に依存した結果、近代戦争を熟知した戦略家、参謀の育成を怠り、武器弾薬の備蓄も少なかった。農民対策もひどく遅れていた。

かくして、もっとも大事な白河の戦闘で、大きくつまずき、参戦した仙台藩の期待を裏切り、これが列藩同盟崩壊のきっかけとなった。

会津戦争は結局、孤立無援の籠城戦となった。

一時的に米沢に避難する考えはあったが、それは不可能で、もう逃げ道はなかった。会津武士の意地を見せんと、侍たちは死を決して突撃し、戦場の華と散った。籠城した婦女子の活躍も、わが国の戦争史に残るものだった。これは称賛に値する見事なものだった。

殉難した婦女子には、過酷ないい方になるが、籠城した婦女子の活躍には目をみはるものがあった。食糧の備蓄もないなかで、一か月も耐えたのは工夫をこらした女性の力が大きかった。

籠城一か月、死に体の会津藩に救済の手はなかった。米沢藩が降伏を勧めたが、それは会津の使者が米沢城に向かってからのことだった。

賊軍のレッテルが貼られると、すべての人は官軍の旗になびき、我も我もと参戦した。人間はどうしてこうも非情で残酷なのか、日本人の軽薄さを感じさせる戦争でもあった。

会津戦争は、悲しみの戦争であった。

戊辰百三十年の平成十年から会津と長州の和解が話題になった。五年前は機が熟さず、萩市の市長を前にしても、会津若松市の市長は硬い表情のままだった。だが五年後に行われた討論会では、両市長に歩み寄りが見られた。

従来の会津の主張は、正義は会津にあり、非はすべて長州にあるというものだった。だが、こうした主張には歴史の真実を見誤る危険があった。相手だけを非難する歴史観に、若い人々は不満の意を表しはじめていた。なぜ会津藩は敗れたのか。その検証も恐れず取り組む時機に来ていた。また、松平容保の孫娘、秩父宮勢津子妃殿下が誕生するまでのさまざまな人々の努力と善意も、もう一度、考えなおす必要があるように思う。

板垣退助がいうように、会津は幕末の日本を代表する天下屈指の雄藩であった。長州の人々も、そのことは十分に認めている。未来志向の今日、大局的立場にたって歴史を振り返る度量が、いま会津にも求められている。

同時に長州側も会津戦争の実態を知り、勝者の驕りを反省すべきであろう。忌憚のない話し合いが双方の関係者の間で開かれることが必要である。その一環として、私の所属するNPO法人北東文芸協会と萩市の共催で、平成十五年十一月、「会津と萩の歴史を語る会」が萩市で開かれた。しかし、和解の道は進みそうにない。会津の怨念は深いというほかはない。

今回も多くの史料を参照したが、『只見町史』における飯塚恒夫氏の奥会津戊辰戦争に関する研究、今井昭彦氏の「幕末における会津藩士の殉難とその埋葬」（『人間にとっての戦いとは』東洋書林）など新しい論文も次々に生まれており、会津戦争の研究も日進月歩である。この本もなんらかの問題提起になれば、望外の喜びである。

この本は私がこれまで中公新書に書いた『敗者の維新史』『奥羽越列藩同盟』『幕末の会津

藩』に続くクライマックスであり、前回に続いて中公新書編集部の酒井孝博氏にお世話になったことを記して、謝意を表したい。

平成十五年晩秋

星　亮一

おもな参考文献

『会津戊辰戦史』
『会津戊辰戦争』
『仙台戊辰戦史』
『薩藩出軍戦状』
『復古記』
『七年史』
『幕末実戦史』（東京大学出版会）
『土佐藩戊辰戦争資料集成』（高知市民図書館）
『補訂戊辰役戦史』（時事通信社）
『新潟県史』
『会津若松史』
『米沢市史』
『戊辰白河口戦争記』
『郡山市史』
『田島町史』
『只見町史』
『相馬市史』
『浪江町史』
『川内村史』
『会津戊辰戦争史料集』（新人物往来社）
『戊辰戦争会津東辺史料』（歴史春秋社）
ほか

星 亮一（ほし・りょういち）

1935年（昭和10年），仙台市に生まれる．東北大学文学部国史学科卒業，日本大学大学院総合社会情報研究科修了．作家
著書『会津若松史』第五巻（共著）
『敗者の維新史』（中公新書）
『奥羽越列藩同盟』（中公新書，1996年度福島民報出版文化賞）
『幕末の会津藩』（中公新書）
『大鳥圭介』（中公新書）
『斗南藩―「朝敵」会津藩士たちの苦難と再起』（中公新書）
『白虎隊と会津武士道』（平凡社新書）
『平太の戊辰戦争』（角川選書）
『会津藩はなぜ朝敵か』（ベスト新書）
『よみなおし戊辰戦争』（ちくま新書）
『幕臣たちの誤算』（青春出版社新書）
『山川健次郎伝』（平凡社）
『後藤新平伝』（平凡社）
など多数
ホームページアドレス　http://www.mh-c.co.jp

会津落城《あいづらくじょう》
中公新書 *1728*

2003年12月20日初版
2019年3月5日7版

著　者　星　亮一
発行者　松田陽三

本文印刷　暁印刷
カバー印刷　大熊整美堂
製　本　小泉製本

発行所　中央公論新社
〒100-8152
東京都千代田区大手町1-7-1
電話　販売　03-5299-1730
　　　編集　03-5299-1830
URL http://www.chuko.co.jp/

Published by CHUOKORON-SHINSHA, INC.
Printed in Japan　ISBN978-4-12-101728-4 C1221

中公新書刊行のことば

一九六二年一一月

いまからちょうど五世紀まえ、グーテンベルクが近代印刷術を発明したとき、書物の大量生産は潜在的可能性を獲得し、いまからちょうど一世紀まえ、世界のおもな文明国で義務教育制度が採用されたとき、書物の大量需要の潜在性が形成された。この二つの潜在性がはげしく現実化したのが現代である。

いまや、書物によって視野を拡大し、変りゆく世界に豊かに対応しようとする強い要求を私たちは抑えることができない。この要求にこたえる義務を、今日の書物は背負っている。だが、その義務は、たんに専門的知識の通俗化をはかることによって果たされるものでもなく、通俗的好奇心にうったえて、いたずらに発行部数の巨大さを誇ることによって果たされるものでもない。現代を真摯に生きようとする読者に、真に知るに価いする知識だけを選びだして提供すること、これが中公新書の最大の目標である。

私たちは、知識として錯覚しているものによってしばしば動かされ、裏切られる。私たちは、作為によってあたえられた知識のうえに生きることがあまりに多く、ゆるぎない事実を通して思索することがあまりにすくない。中公新書が、その一貫した特色として自らに課すものは、この事実のみの持つ無条件の説得力を発揮させることである。現代にあらたな意味を投げかけるべく待機している過去の歴史的事実もまた、中公新書によって数多く発掘されるであろう。

中公新書は、現代を自らの眼で見つめようとする、逞しい知的な読者の活力となることを欲している。

中公新書

日本史

中公新書

日本史

d3

中公新書

言語・文学・エッセイ

433 日本語の個性　外山滋比古
533 日本の方言地図　徳川宗賢編
2493 日本語を翻訳するということ　牧野成一
500 漢字百話　白川静
2213 漢字再入門　阿辻哲次
1755 部首のはなし　阿辻哲次
2430 謎の漢字　笹原宏之
2341 常用漢字の歴史　今野真二
2363 外国語を学ぶための言語学の考え方　黒田龍之助
1880 近くて遠い中国語　阿辻哲次
742 ハングルの世界　金両基
1833 ラテン語の世界　小林標
1971 英語の歴史　寺澤盾
2407 英単語の世界　寺澤盾
1533 英語達人列伝　斎藤兆史
1701 英語達人塾　斎藤兆史
2086 英語の質問箱　里中哲彦
2165 英文法の魅力　里中哲彦
2231 英文法の楽園　里中哲彦
1448 「超」フランス語入門　西永良成
352 日本の名作　小田切進
212 日本文学史　奥野健男
2285 日本ミステリー小説史　堀啓子
2427 日本ノンフィクション史　武田徹
563 幼い子の文学　瀬田貞二
2156 源氏物語の結婚　工藤重矩
1787 平家物語　板坂耀子
1798 ギリシア神話　西村賀子
1254 ケルト神話と中世騎士物語　田中仁彦
2382 シェイクスピア　河合祥一郎
2242 オスカー・ワイルド　宮崎かすみ
275 マザー・グースの唄　平野敬一
2404 ラテンアメリカ文学入門　寺尾隆吉
1790 批評理論入門　廣野由美子
2226 悪の引用句辞典　鹿島茂